BALISES

Collection dirigée par Henri Mitterand

Manon Lescaut

L'abbé Prévost

- **des repères pour situer l'auteur, ses écrits, l'œuvre étudiée**
- **une analyse de l'œuvre sous forme de résumés et de commentaires**
- **une synthèse littéraire thématique**
- **des jugements critiques, des sujets de travaux, une bibliographie**

Raymond Dufeu
Agrégé de Lettres modernes

La vie de l'abbé Prévost

L'ENFANCE

Le 1er avril 1697 naît à Hesdin (Pas-de-Calais) Antoine-François Prévost, fils de Liévin Prévost, procureur et conseiller du roi au bailliage d'Hesdin, et de Marie Duclay. Antoine-François a un frère aîné. Trois autres garçons naîtront après lui, ainsi que cinq filles qui moururent en bas âge. En 1711, il perd sa mère et une sœur à qui l'unissait une profonde affection. Il lit beaucoup, surtout des ouvrages de poésie et des romans.

UNE JEUNESSE TURBULENTE ET INSTABLE

À la mort de sa mère, son père l'envoie, contre son gré, chez les jésuites* d'Hesdin pour être d'Église*, son frère aîné devant être, lui, d'épée*, selon la tradition du temps.

Prévost fait de brillantes études, entrecoupées de fugues à l'armée d'où il revient chez les jésuites : il se laisse dominer par son tempérament ardent et impulsif. On retrouvera cette instabilité dans les personnages de ses romans, de même qu'on retrouvera, dans *Manon Lescaut*, les souvenirs de sa propre enfance : l'affection qui l'unissait à sa sœur, le tragique de sa disparition et de celle de sa mère, sa brouille avec son père à cause d'une maîtresse.

Après la paix d'Utrecht (1713), il quitte l'armée et retrouve les jésuites. En 1718, il est officier mais doit fuir en Hollande à la suite d'un scandale. En 1720, il revient en France et semble se fixer, cette fois, chez les bénédictins de Jumièges (Normandie). Il y prononce même des vœux, mais avec restriction mentale, comme le fera Des Grieux lui-même. Les bénédictins l'emploient à la prédication, à l'enseignement, à des travaux d'érudition et de recherches historiques : c'est ainsi qu'il fréquente l'abbaye de Saint-Germain-des-Prés (1727).

LE PLAISIR ET LE BESOIN D'ÉCRIRE

Après avoir beaucoup lu, Prévost écrit beaucoup, aussi. Il se distrait de la vie monacale — car il se plie mal à la règle — en rédigeant, en secret, le début d'un long ouvrage qui comportera sept volumes : *Mémoires et aventures d'un Homme de qualité qui s'est retiré du monde*, dont la parution s'étendra sur quatre années (1728 à 1731).

Il abandonne la robe de moine et se fait ordonner prêtre. Recommandé à l'archevêque de Canterbury, il passe en Angleterre pour échapper à des poursuites. Il feint même (?) de se convertir au protestantisme et se fait appeler Prévost d'Exiles. Sa fortune est toujours médiocre et l'emploi de précepteur trouvé à Londres ne suffit pas aux besoins d'argent, accrus par ses fréquentations, surtout celle d'une aventurière (Lenki) encombrante et dépensière.

Passé en Hollande, il publie, à partir de 1731, l'*Histoire de Monsieur Cleveland, fils naturel de Cromwell, écrite par lui-même* : roman rempli d'aventures et qui exercera une énorme influence sur tout le siècle. La même année paraît le tome VII et dernier des *Mémoires d'un Homme de qualité*, constitué par l'*Histoire du Chevalier Des Grieux et de Manon Lescaut* qui remporte un franc succès mais déclenche le scandale, accru encore lors de l'édition séparée du texte, à Rouen, en 1735.

De retour à Londres, Prévost lance un périodique, destiné à faire connaître l'Angleterre aux Français : *Le Pour et le Contre* (1733).

Prévost rentre en France en 1734 et vivra de sa plume en continuant de connaître de nombreux embarras d'argent. Il est emprisonné pour dettes et réduit à reprendre la soutane après avoir sollicité sa grâce auprès du pape. En 1736, il est nommé aumônier du prince de Conti et, après avoir réussi à s'acheter une petite maison à Chaillot (comme le feront Des Grieux et Manon), il s'installe à Saint-Firmin pour être plus près des archives de Chantilly où réside la famille Condé.

LES DERNIÈRES ANNÉES

C'est une période d'abondante production littéraire pour Prévost : *Le Doyen de Killerine* (1735-1739), *Histoire d'une Grecque moderne* (1740), *Histoire de la jeunesse du Commandeur de* *** (1741).

Puis il doit à nouveau s'exiler (en Belgique et en Allemagne) pour avoir collaboré à une feuille de nouvelles scandaleuses (sans doute par besoin d'argent). Il s'engage alors dans de nombreuses traductions de Richardson* : *Pamela* (1742), *Clarisse Harlowe* (1751), *Histoire de Sir Charles Grandison* (1755).

La protection des Condé est précieuse pour sa tranquillité, même si elle ne lui rapporte pas de gages. Sa vie est relativement paisible et il connaît une certaine sérénité : le pape Benoît XIV l'a pourvu d'un bénéfice, Mme de Pompadour le reçoit et il a gagné l'amitié de Rousseau qui admire beaucoup *Cleveland*. Il dirige de grandes entreprises de librairie : *Histoire générale des voyages* (de 1746 à 1759) et collabore au *Journal étranger* en 1754.

Il meurt brutalement en 1763 d'une crise d'apoplexie, au cours d'une promenade dans la forêt de Chantilly. Les bénédictins achètent au curé du village le droit de l'enterrer dans leur abbaye. Le château de Sissonnes (Aisne), propriété de ses descendants, sera complètement détruit par les Allemands à la fin de la Première Guerre mondiale (1918) : tous les documents concernant l'abbé Prévost seront brûlés.

LA LÉGENDE

À cette vie remplie d'événements et d'aventures souvent mélodramatiques s'attachent des légendes pas toujours flatteuses : elles accusent l'inconduite, voire la débauche de l'abbé (il aurait, à un certain moment, épousé deux femmes à la fois !). Les ruptures de ban successives avec l'armée et la religion en feraient un déserteur et un défroqué... Quoi qu'il en soit, cette vie a été hors du commun si l'on admet que l'œuvre témoigne de la richesse et de la variété qu'elle reflète.

VIE ET ŒUVRE DE L'ABBÉ PRÉVOST

1697 1er avril : naissance à Hesdin (Pas-de-Calais) d'Antoine-François Prévost.

1711 Mort de sa mère.
Son père l'envoie, contre son gré, chez les jésuites d'Hesdin où il fera de brillantes études.

1712 Première fugue à l'armée.

1715 Novice au collège des jésuites de La Flèche.

1718 Prévost officier.
Obligé de fuir en Hollande, puis en Angleterre.

1720 Retour en France chez les bénédictins de Jumièges : il prononce ses vœux, mais avec restriction mentale.

1720 Brouille avec son père à cause d'une maîtresse.

1726 Ordonné prêtre : prêche avec succès à Évreux, aux Blancs-Manteaux et à Saint-Germain-des-Prés.
Reçoit une pension de 600 livres pour des travaux historiques.

1728 Abandonne les bénédictins.
Publie les tomes I et II des *Mémoires et aventures d'un Homme de qualité qui s'est retiré du monde* (autobiographie romancée). Passe en Angleterre après un incident avec son supérieur.

1729 Précepteur à Londres.
Publie les tomes III et IV des *Mémoires.*
Passe en Hollande à la suite d'une « affaire de cœur ».
Commence les *Mémoires de Cleveland.* Après Amsterdam, La Haye, il rencontre une aventurière (Lenki), qui l'obligera à de nombreux expédients.

ÉVÉNEMENTS POLITIQUES, SOCIAUX ET CULTURELS

1682 Cavelier de La Salle fonde la Louisiane.

1698 Paix de Ryswick (fin de la guerre de la France contre la Ligue d'Augsbourg, coalition européenne) qui met un coup d'arrêt aux conquêtes de Louis XIV.

1709 Lesage : *Turcaret.*

1710 → **1712** : Destruction de l'abbaye de Port-Royal-des-Champs.

1712 Naissance de J.-J. Rousseau.

1713 Traité d'Utrecht (fin de la guerre de Succession d'Espagne). Bulle *Unigenitus* (condamnation définitive du jansénisme).
Naissance de Diderot.

1714 Fondation de la Nouvelle-Orléans.

1715 Mort de Louis XIV.
La Régence.
Watteau, *L'Embarquement pour Cythère.*
Lesage, premiers livres de *Gil Blas.*
Début du roman au XVIIIe siècle.

1717 Début de la colonisation forcée en Louisiane (qui devient la pièce maîtresse du système de Law).

1718 → **1720** : Système de Law.

1720 Faillite de Law qui s'enfuit en Belgique.
Fin des déportations en Louisiane.
Émeutes à Paris.

1722 La Nouvelle-Orléans devient la capitale de la Louisiane.

1724 Lesage, *Gil Blas* (VII à IX).

1731 Publie en Hollande l'*Histoire de Monsieur Cleveland, fils naturel de Cromwell.*
Publie les tomes V, VI, VII des *Mémoires d'un Homme de qualité* : le dernier volume est l'*Histoire du Chevalier Des Grieux et de Manon Lescaut.*

1733 À nouveau à Londres pour essayer de remettre sa fortune à flot. Entreprend un périodique : *Le Pour et le Contre.*

1734 Retour en France.

1735 Réédition de *Manon Lescaut* à Rouen.

1736 Aumônier du prince de Conti.

1739 Mort du père de Prévost.
Fin de *Cleveland.*
Le Doyen de Killerine.

1740 Pense aller à Berlin : Voltaire l'a recommandé à Frédéric II.
Histoire de Marguerite d'Anjou.
Histoire d'une Grecque moderne.
*Histoire de la jeunesse du Commandeur de ***.*

1741 Menacé d'arrestation pour avoir participé à une feuille satirique : nouvel exil (à Bruxelles).

1742 Traduction de *Pamela.*

1751 Traduction de *Clarisse Harlowe.*

1754 Il obtient du pape Benoît XIV le bénéfice du prieuré de Saint-Georges-de-Gesne (diocèse du Mans).
Chargé par le prince de Conti d'écrire l'histoire de la maison du prince, il s'installe à Saint-Firmin. Collabore au *Journal étranger.*

1759 *Histoire générale des voyages* (commencée en 1746).

1763 Mort de l'abbé Prévost.

1725 Crise financière et économique.
Vivaldi, *Les Quatre Saisons.*

1726 Mariage de Louis XV avec Marie Leczinska.

1726 → **1729** : Voltaire exilé en Angleterre.

1729 Mort de Law à Venise.
Soulèvement en Louisiane des Natchez (ancienne tribu d'Indiens du Mississippi décimés à la suite de plusieurs guerres contre les Français).

1730 Marivaux, *Le Jeu de l'amour et du hasard.*

1732 Voltaire, *Zaïre.*

1735 Lesage, *Gil Blas* (X à XII).
Lancret, *Le Déjeuner sur l'herbe.*
Rameau, *Les Indes galantes.*

1736 Voltaire, *Le Mondain.*

1740 Frédéric II roi de Prusse.
Naissance de Choderlos de Laclos.
Richardson : *Pamela.*
Chardin : *Le Bénédicité.*

1745 Madame de Pompadour, maîtresse en titre de Louis XV.

1748 Richardson, *Clarisse Harlowe.*
Voltaire, *Zadig.*

1750 Mort de J.-S. Bach.

1761 Rousseau, *La Nouvelle Héloïse.*

1762 Suite de *Manon Lescaut* attribuée à Laclos (Amsterdam).

1763 Traité de Paris : fin de la guerre de Sept Ans (victoire de l'Angleterre sur la France et l'Espagne). La Louisiane passe sous domination espagnole.

L'œuvre littéraire

On trouvera dans le « Lexique » (voir p. 112) la signification des termes marqués d'un astérique.

UNE ŒUVRE IMMENSE ET DIVERSE

En 1728, à 31 ans, Prévost écrit les deux premiers volumes des *Mémoires et aventures d'un Homme de qualité* : sa production ne cessera pas à partir de ce moment.

Son œuvre, décousue, est le reflet d'une vie désordonnée et hasardeuse, qui fournira à Prévost une ample matière par sa richesse, sa diversité, les aventures, les événements — rocambolesques parfois — qu'il connaîtra (exils, prison, œuvres saisies...). Si *Manon Lescaut* reste le chef-d'œuvre et le plus populaire, les recherches récentes ont découvert un intérêt certain à beaucoup d'autres textes laissés longtemps dans l'ombre (les *Mémoires d'un Homme de qualité, Cleveland* ou *Killerine* par exemple).

La production de l'abbé Prévost ne comporte pas moins de 200 volumes dans lesquels l'auteur a illustré tous les genres : mémoires, romans, histoire, journalisme, philosophie, traductions, récits de voyages. Cette énorme production témoigne de son besoin d'épanchement, de son imagination intarissable, de ses sentiments fougueux. Elle s'explique aussi par la nécessité financière qui contraignit Prévost à se faire payer, parfois très vite, page après page, un texte alimentaire !

LES THÈMES

L'amour

Par sa **sensibilité** extrême, Prévost participe au goût de son époque pour le **roman sentimental** (dont le sommet sera *La Nouvelle Héloïse* de Rousseau en 1761) auquel il ajoute une **signification morale**. *La Princesse de Clèves* (1678) était le modèle de ces confidences intimes devenues à la mode dès la fin du XVIIe siècle, mais on y respectait les convenances, et la passion « coupable » n'y triomphait pas. Avec l'abbé Prévost, l'**amour** prend une importance dominante. L'**aventure individuelle** de l'homme prend ainsi le pas sur la conception plus figée de l'« honnête homme » du XVIIe siècle.

Portrait de l'abbé Prévost
attribué à Gabriel de Saint-Aubin.
(XVIIIe siècle, musée Carnavalet)

La recherche d'une morale

Car l'« honnête homme » a évolué, et l'homme contemporain suit l'évolution de la civilisation dans laquelle il vit : les mœurs se sont libérées après l'austérité des dernières années du règne de Louis XIV, l'étiquette de la Cour a disparu, la religion pèse moins sur la société. La Régence confirme cette tendance et permet le goût de la liberté : comme le Roi ne fixe plus de règles, l'individu cherche lui-même comment se conduire. Pour Prévost (cf. « Avis de l'auteur » de *Manon Lescaut*) le roman doit donc apporter une **expérience**.

Fatalité et pessimisme

Expérience d'autant plus nécessaire que l'homme a conscience de sa **faiblesse** et de son impuissance vis-à-vis de la **fatalité** dont il est le jouet. Il en résulte une tristesse et une mélancolie qui caractérisent l'état d'âme préromantique.

La force des passions contribue à ce sentiment d'inquiétude. On le voit bien dans *Manon Lescaut* : tout en ayant conscience qu'il court à son malheur, Des Grieux est impuissant à refuser l'entraînement, et s'avère incapable de résister au charme de Manon. C'est pourquoi la réflexion s'oriente vers le **moralisme**, érigé comme une des finalités du roman. Elle est marquée par la persistance d'un certain **pessimisme** devant l'impuissance de la volonté, héritage chrétien du XVIIe siècle, qui peut être dans une certaine mesure rattaché au jansénisme. On retrouve dans les quatre grands romans de Prévost (*Mémoires et aventures d'un Homme de qualité, Manon Lescaut, Cleveland* et *Killerine*) cette signification morale et religieuse.

MÉMOIRES PITTORESQUES OU ROMAN PICARESQUE ?

Prévost a beaucoup utilisé la forme des « mémoires », qui lui permettent de présenter ses récits comme des témoignages et qui, avec une part de transposition, revêtent un aspect largement autobiographique. Comme sa vie personnelle, les romans de Prévost sont remplis d'**aventures**, dans la lignée du **picaresque** mis à la mode par Lesage* quelques années plus tôt. On y trouve des épisodes extraordinaires, des exagérations, des extravagances, voire des invraisemblances. Le lecteur les accepte parce qu'il est captivé par l'action, le rythme des événements, la fougue des personnages, l'inattendu de certaines situations ou de certaines attitudes, et parce que sa curiosité se satisfait des **documents** ainsi donnés sur les mœurs de l'époque, les modes, les personnages types qui défilent et forment une galerie pittoresque et colorée.

UNE SENSIBILITÉ NOUVELLE

Il faut mettre à part *l'Histoire du Chevalier Des Grieux et de Manon Lescaut* pour le classicisme de sa conception et de sa composition. L'abbé Prévost, qui s'était donné Racine comme modèle, a atteint, avec cet ouvrage, le but qu'il s'était fixé : mais c'est l'exception et peut-être faut-il y voir la raison de sa pérennité ? En revanche, les autres romans ne possèdent pas cette unité simple et rigoureuse : ils donnent une impression, souvent, d'inachevé, avec des bavardages, des inutilités, des lenteurs qui sentent le remplissage et la nécessité.

Cependant, le mérite essentiel de Prévost a été de réussir à exprimer une **sensibilité nouvelle** qui s'incarne notamment dans *Manon Lescaut*, à travers les personnages de Des Grieux et de Tiberge. Il a su peindre avec beaucoup d'émotion et de poésie **des êtres prédestinés à des malheurs exceptionnels** et désemparés devant leur destin. Ce thème, qui prend naissance avec la sensibilité préromantique, trouvera une large postérité au siècle suivant.

Si Prévost, traducteur assidu de Richardson* et bon connaisseur de l'Angleterre, a naturellement été inspiré par les préromantiques anglais, il possède aussi des points communs avec les écrivains allemands, Goethe* par exemple : il y a du Werther dans son Des Grieux. Son influence sera grande sur Rousseau, qui admirait beaucoup son *Cleveland*, sur Chateaubriand et sur les romantiques.

Sommaire de *Manon Lescaut*

Précédé d'un « Avis de l'auteur », le roman est construit en deux parties. Deux rencontres lui donnent son élan : celles de l'auteur, l'Homme de qualité, avec Des Grieux, à Pacy d'abord, à Calais deux ans plus tard.

Livre premier

Des Grieux rencontre Manon à Amiens, par hasard : c'est le coup de foudre, irrésistible, et ils s'enfuient à Paris. M. de B., un voisin qui a « remarqué » Manon, avertit le père de Des Grieux qui ramène son fils chez lui. Six mois passent. Tiberge, un ami de pension, incite Des Grieux à entreprendre des études de théologie. Des Grieux passe un an à Saint-Sulpice. Mais Manon le retrouve. Des Grieux quitte le Séminaire. Ils s'installent dans une maison, à Chaillot, rencontrent Lescaut, frère de Manon. La maison brûle. L'argent manque. Lescaut introduit Des Grieux à l'Hôtel de Transylvanie, tripot où l'on essaie de s'enrichir en jouant sans scrupules. Des Grieux rompt avec Tiberge. Les domestiques volent les économies de Manon et de Des Grieux. Manon entre en relation avec M. de G.M. mais celui-ci, s'apercevant qu'il est dupé, se venge : Des Grieux est enfermé à Saint-Lazare et Manon à l'Hôpital général. Des Grieux s'évade et, avec l'aide de Lescaut et de M. de T., fait évader Manon. Lescaut est tué dans une rixe et les deux amants fuient à Chaillot. Des Grieux renoue avec Tiberge puis va voir M. de T.

Livre second

Manon part avec le jeune G.M. qu'elle espère duper. Grâce à une ruse, Des Grieux éloigne G.M. et rejoint Manon. Mais le père les surprend et les envoie au Châtelet. Le père de Des Grieux vient voir son fils, puis G.M. Ils s'entendent tous deux pour obtenir la libération de Des Grieux mais aussi le départ de Manon pour l'Amérique. Des Grieux ne réussit pas à fléchir son père. Il suit donc le convoi vers Le Havre. (À Pacy, première rencontre avec l'Homme de qualité). La poste n'est pas assez prompte pour apporter au Havre l'argent demandé par Des

Grieux à Tiberge. Arrivée à La Nouvelle-Orléans. Des Grieux et Manon demandent au gouverneur de célébrer leur union officielle : il refuse car il a découvert l'amour de son neveu pour Manon. Duel de Des Grieux avec le neveu. Les deux amants fuient dans le désert. Manon meurt. Quelque temps après, Tiberge arrive et les deux amis rentrent en France : c'est la deuxième rencontre avec l'Homme de qualité, à Calais, et le récit de Des Grieux.

Mode d'emploi

Édition utilisée

Abbé Prévost, *Manon Lescaut*, préface de J.-L. Bory, notice et notes de S. de Sacy. Coll. « Folio » n° 757, Gallimard éditeur.

Structure du roman

Le récit ne comporte ni chapitres ni séparations d'aucune sorte : il est seulement divisé en deux parties (Livre premier et Livre second) de longueur à peu près équivalente. Ce récit constituait, dans les premières éditions, le tome VII et dernier des *Mémoires et aventures d'un Homme de qualité* publiés de 1728 à 1731. Dès 1735, le roman paraît à part, précédé d'un « Avis de l'auteur » qui figurera également dans les éditions postérieures.

Pour la commodité de l'étude et la clarté de la présentation, nous avons découpé chacune des deux parties et donné un titre à chaque épisode ainsi limité.

Les personnages désignés par des initiales

En dehors des personnages essentiels (Des Grieux, Manon, Tiberge, Lescaut), les autres, épisodiques, ne sont désignés que par une ou plusieurs initiales, sans que Prévost ait laissé de clefs pour les identifier : à vrai dire, leur état-civil importe peu car leur comportement, leurs occupations, leur niveau de vie suffisent à laisser deviner qu'ils appartiennent au monde de la fortune, des privilèges et de... la galanterie.

Les personnages

Le couple Manon-Des Grieux

Manon

Elle combine les types éternels de la courtisane et de la femme fatale, avec les traits spécifiques de son époque, la Régence.

Issue d'une famille de la petite bourgeoisie, sans doute honorable et besogneuse, elle est flattée d'avoir, en la personne de Des Grieux, un amant « de qualité ».

Charmante et coquette, avide de luxe, inconséquente et amorale, à la fois inconstante et fidèle, sincère dans son amour et pétrie de mensonges, elle a besoin du « plaisir de vivre, de briller, d'aimer », et restera frivole jusqu'à sa déportation en Louisiane, puis sa mort, qui la réhabilite.

Des Grieux

Le titre, *Histoire du Chevalier Des Grieux et de Manon Lescaut*, fait de lui le personnage principal du roman. Il présente d'ailleurs de nombreuses ressemblances avec l'auteur.

Issu de la noblesse picarde (peut-être de Péronne ?), ce jeune homme de bonne famille, âgé de dix-sept ans, tombe éperdument amoureux de Manon dès leur première rencontre. Cette passion est le début d'une déchéance qui le conduit à toutes sortes de compromissions, voire à l'escroquerie.

Conscient de sa faiblesse, écartelé entre ses impulsions et le remords, il illustre les thèmes fondamentaux de l'œuvre de Prévost : l'amour fou et l'impuissance de la volonté confrontée à la force des passions.

Les personnages épisodiques

Tiberge

Ami de jeunesse et d'études de Des Grieux, il est toujours prêt à lui venir en aide, même s'il réprouve les « entêtements » de son ami et ses dévergondages.

Il représente l'ange gardien, plein de générosité, de compréhension et d'indulgence pour Des Grieux, mais aussi le symbole de sa conscience ou d'un autre lui-même resté fidèle à la foi et aux principes de son enfance.

Lescaut

Frère de Manon, il appartient à la compagnie des gardes du corps, dont il porte l'uniforme (l'habit bleu, la culotte et les bas rouges), et dont les privilèges lui assurent l'impunité.

C'est un soldat débauché, querelleur, fanfaron, ivrogne et cynique. Il a toujours besoin d'argent, qu'il cherche au jeu — souvent en trichant —, dans des relations douteuses, ou dans des rixes dont la dernière lui sera fatale.

M. de B.

Fermier général, honnête homme, galant homme... et homme galant, il est riche et dévot. Dès qu'il aperçoit Manon, il ne résiste pas au plaisir de s'offrir une aimable maîtresse, mais croit sauver la morale en faisant rendre Des Grieux à sa famille.

M. de G.M.

Semblable à M. de B., il est cependant moins sympathique, et sans doute plus pervers. Personnage influent lui aussi, il profite de sa position sociale, ainsi qu'en témoignent ses relations avec le lieutenant de Police.

L'arrivée du coche d'Arras.
(Gravure de J.-J. Pasquier, 1753)

Résumés et commentaires

AVIS DE L'AUTEUR

RESUME

Il justifie la publication à part de l'*Histoire du Chevalier Des Grieux et de Manon Lescaut* qui constituait, à l'origine, le tome VII et dernier des *Mémoires et aventures d'un Homme de qualité*.

Prévost explique que la longueur du récit aurait brisé le rythme s'il l'avait intercalé dans les *Mémoires*. D'autre part, il est persuadé que le public prendra un intérêt certain à ce qu'il appelle une « addition » à l'histoire de sa vie.

Il est significatif que Prévost présente Des Grieux comme le personnage essentiel du roman : il n'est question que de lui, de son comportement, du message qu'il porte. Prévost souhaite divertir le lecteur mais aussi lui rendre service en l'instruisant : c'est Des Grieux qui sera son instrument privilégié.

Puis, dans un long paragraphe, il constate que les préceptes de la morale sont à la fois « estimés » et « négligés » : c'est la « bizarrerie du cœur humain » qui ne sait ni ne peut accorder l'idée et la pratique.

Publication du roman

Lorsque les derniers tomes des *Mémoires et aventures d'un Homme de qualité* paraissent (1731), le tome VII contient, seule, l'histoire du chevalier Des Grieux : Prévost la considère donc, déjà, à part du reste de ses *Mémoires*. Dès 1735, une édition séparée du texte est publiée à Rouen et attaquée à la fois pour caractère libertin et traces de jansénisme.

Importance du personnage de Des Grieux

Son portrait, dit Prévost, illustre « la force terrible des passions ». C'est un jeune homme « aveugle », rempli de qualités, qui, pourtant, va préférer à une vie brillante et favorisée par la fortune (naissance, intelligence, études réussies) une existence « obscure et vagabonde ». Elle le conduira de malheur en malheur qu'il ne saura ni ne voudra éviter, même s'il les pressent et s'il reçoit de généreux et constants conseils susceptibles de l'aider (Tiberge).

Il y a donc, dès cette présentation, deux images données de Des Grieux :

— un jeune homme bien né, de bonne éducation, intelligent, dont la réussite personnelle et sociale est toute tracée, garantie de plus par une famille honorable, un père attentif...

— et un amant aveuglé par sa passion, en proie à sa fatalité, victime impuissante de son destin.

Dès le début, le lecteur connaît le dénouement mais les deux images se préciseront et se confirmeront.

La « bizarrerie du cœur humain »

La question qui préoccupe Prévost est le contraste entre le goût des hommes pour la morale : leur passion pour discuter de ses préceptes, leur bonheur (exprimé par Horace, par Boileau) à échanger leurs idées sur la vertu, l'amitié, les faiblesses de la nature... et leur comportement dans la vie quotidienne. Il s'étonne de l'incohérence entre les aspirations nobles, généreuses, désintéressées des hommes quand ils réfléchissent et la facilité avec laquelle ils retombent au niveau le plus commun, le plus vulgaire dans leurs attitudes quotidiennes. Pour lui, l'expérience et l'exemple jouent un rôle essentiel mais la première ne bénéficie pas à tout le monde : il faut des situations favorables pour en profiter. Seul l'exemple peut être un modèle et un secours pour la plupart des gens. C'est dans l'intention de leur apporter de l'aide que l'auteur a écrit cette histoire qui lui paraît d'une « utilité extrême » car « chaque aventure est un modèle d'après lequel on peut se former ».

Nous sommes là au fond de la préoccupation des moralistes du XVIIIe siècle : instruire en divertissant. Héritage direct du XVIIe qui exprimait sous une forme quelque peu différente le même but assigné à la comédie : « plaire et corriger ». Héritage aussi de la pensée antique : « *Castigat ridendo mores.* »

LIVRE PREMIER

I. PROLOGUE
(*p. 47 à 53*)

RESUME

Ces pages apportent le récit de la première rencontre de l'auteur (l'Homme de qualité) avec le chevalier Des Grieux. Il revient de Rouen où il a traité une affaire de succession au Parlement. Il arrive pour dîner à Pacy, où règne une grande agitation : les habitants se précipitent devant un cabaret où viennent de s'arrêter deux chariots. Un archer en uniforme explique qu'il s'agit d'un convoi d'une douzaine de filles de joie que l'on conduit au Havre de Grâce pour les embarquer à destination de l'Amérique. Une vieille femme, sortant de l'auberge, crie sa protestation et incite l'auteur à entrer. Parmi le groupe des filles enchaînées, il en découvre alors une qui attire son attention par « son air et sa figure » qui auraient pu, en d'autres circonstances, « la faire prendre pour une princesse ». Le voyageur interroge le chef des gardes mais n'obtient pas de réponse à sa curiosité. L'archer lui désigne un jeune homme qui ne peut être « que son frère ou son amant » car il a suivi la jeune fille depuis Paris « sans cesser presque un moment de pleurer ».

Le jeune homme ne veut pas révéler l'identité de la jeune fille car il se ferait connaître lui-même et il a de « fortes raisons pour souhaiter de demeurer inconnu ». Il avoue pourtant sa passion violente pour la jeune fille et son infortune d'en être séparé. Il a tout fait pour obtenir sa liberté, a même essayé la force pour s'emparer d'elle mais, devant son impuissance, il a résolu de la suivre jusqu'en Amérique. Il a d'abord tenté d'attaquer l'escorte mais les hommes de main qu'il avait payés pour l'aider l'ont abandonné, fuyant avec l'argent reçu. Il a ensuite obtenu des archers, moyennant récompense, la permission de suivre le convoi, puis de parler avec sa maîtresse. Mais sa bourse est vide, maintenant, et les archers le repoussent. Il va vendre son cheval et continuer la route à pied puisqu'il n'a plus de quoi satisfaire l'exigence des archers. Il espère recevoir, au Havre, un secours qu'il a demandé à l'un de ses amis.

L'Homme de qualité, attendri par ce récit et par l'allure pitoyable des deux jeunes gens, lui donne quatre louis sans que les gardes s'en aperçoivent. Puis il négocie avec le chef la liberté pour le jeune homme de parler continuellement avec sa maîtresse.

Deux ans passent.

L'Homme de qualité revient de Londres avec un élève et loge, pour un jour et une nuit, au Lion d'Or, à Calais.

L'après-midi il croit reconnaître, dans la rue, le même jeune homme rencontré jadis à Pacy. Il l'aborde et les deux personnages se retrouvent avec beaucoup de cordialité. Le jeune homme, fortement ému, est tout heureux de marquer, encore une fois, son « immortelle reconnaissance » à son bienfaiteur.

Récemment revenu d'Amérique, il arrive du Havre de Grâce, par mer. L'Homme de qualité accueille le jeune homme au Lion d'Or et, sans tarder, celui-ci commence le récit de ses aventures.

L'auteur précise qu'il « écrivit l'histoire presque aussitôt l'avoir entendue et qu'on peut s'assurer que rien n'est plus exact et fidèle que cette narration ».

Une scène d'exposition

Tous les éléments des deux rencontres de l'Homme de qualité avec le chevalier Des Grieux sont réunis. Le climat est créé et l'aventure — bien qu'incident banal à l'origine — suscite d'emblée la **curiosité** et l'**intérêt** du lecteur : un mystère plane sur les révélations du chevalier, qui ne veut pas le lever.

Décor : le cabaret d'un gros bourg normand où viennent de s'arrêter deux chariots couverts.

Atmosphère : la précipitation confuse des villageois et leur curiosité excitée par les va-et-vient (la populace curieuse).

Réactions : l'exclamation de la vieille femme qui crie et évoque « une chose barbare et horrible ». À l'opposé, la tranquille indifférence de l'archer qui « en a vu d'autres » et pour qui ce n'est là qu'un incident routinier de sa vie quotidienne.

Personnages :

— l'auteur, témoin que sa curiosité engage à entrer dans le cabaret où il va découvrir les deux personnages du roman tout entier ;

— la fille d'abord, totalement différente des autres et qui attire son regard : elle inspire « le respect et la pitié » par son air distingué, malgré son état physique misérable et délabré (« tristesse et saleté »). Elle est discrète et réservée. Elle a honte de sa situation et cache son visage : elle respire « la douceur et la modestie ». Même le chef des archers a remarqué qu'elle semblait à part des autres ;

— le jeune homme frappé, lui aussi, par son air distingué, « racé ». Il attire la sympathie de l'Homme de qualité qui l'interroge, touché par sa tristesse. Il sort de sa rêverie mais reste muet sur les identités : mystère indispensable à la sécurité des deux jeunes gens et qui attise encore les questions.

Les deux personnages sont **définis par leur passion** (exprimée essentiellement par le jeune homme, elle entraîne son malheur extrême ainsi que celui de celle qu'il aime). Il raconte les événements du proche passé, l'accumulation de ses échecs pour libérer la prisonnière et l'épuisement de sa bourse qui ne lui permet plus de soudoyer les gardiens. Il apparaît pitoyable dans son malheur et dans l'acharnement du sort contre eux. Tous les deux ont captivé **la sympathie de l'auteur** qui laisse présumer l'extraordinaire de leur aventure.

La forme du récit

L'épisode est raconté deux fois (c'est le procédé très simple du retour en arrière). Des Grieux fait d'abord le résumé pitoyable des péripéties tragiques qui accompagnent la déportation. Puis son récit rattrape cet épisode. Selon cette technique, la seconde narration explicite la première, montrant qu'il s'agit d'**une peinture essentielle, celle de la souffrance** ; mettant en valeur, également, certains événements (arrivée à Pacy, transfert au Havre...) qui appellent **la pitié du lecteur**, l'incitent à condamner la débauche (cause évidente de la situation)... et à envisager le rachat : dès le début du roman, **la prétention moralisatrice est affirmée**.

Enfin, le récit, créant le climat de l'aventure, témoigne aussi des **mœurs du temps** : déportation en Louisiane des filles de joie.

II. LE COUP DE FOUDRE
(p. 53 à 61)

RESUME

Des Grieux vient de terminer ses études de philosophie à Amiens. Son père le destine à l'Ordre de Malte*, mais ses qualités personnelles et ses succès scolaires ont attiré l'attention de Mgr l'Évêque qui lui a proposé l'état ecclésiastique qui lui apporterait plus de « distinction ». Les vacances arrivent. La veille du jour qu'il a choisi pour retourner chez ses parents, non sans tristesse de quitter un ami très cher connu au Collège et auquel le lie une profonde affection, il fait une rencontre qui pèsera toute sa vie sur son destin et que, rétrospectivement, il ressent comme une manifestation maléfique du sort.

Se promenant en ville avec son ami Tiberge, il assiste à l'arrivée du coche d'Arras : parmi les voyageurs, une jeune fille accapare son attention. C'est un véritable coup de foudre et le chevalier, bien que très jeune et sans aucune expérience sentimentale, ne peut résister à l'élan qui le pousse vers celle qu'il appelle déjà la « maîtresse de mon cœur ». Il apprend que ses parents l'envoient au couvent, contre son gré, et il lui offre son aide pour la « libérer ». La mutuelle habileté des deux jeunes gens va leur permettre d'évincer successivement le mentor de la jeune fille et Tiberge, que Des Grieux charge d'une commission pour détourner son attention.

Des Grieux, seul avec sa « maîtresse », ressent alors la révélation de « mille sentiments de plaisir dont il n'avait jamais eu l'idée ». La jeune fille lui apprend qu'elle se nomme Manon Lescaut ; elle lui avoue qu'elle le trouve aimable et qu'elle est prête à lui devoir sa liberté. Leurs réflexions les conduisent alors à organiser leur fuite, seul moyen d'échapper au couvent. Les mesures sont prises : préparation d'une chaise pendant la nuit et rendez-vous donné, de grand matin, à l'auberge de Manon, avant le réveil de son conducteur.

Mais Tiberge veille et attend Des Grieux à son logis. Il lui fait part de ses soupçons et oblige finalement son ami à lui avouer sa passion. Il essaie de l'en détourner et le menace même d'avertir son père. Des Grieux, conscient du danger que lui fait courir son aveu, se garde de parler de l'imminence de sa fuite et promet au contraire à Tiberge de lui présenter, le lendemain à neuf heures, sa maîtresse, pour obtenir son jugement !

Une fois Tiberge parti, rassuré, Des Grieux prépare ses bagages et retrouve Manon dès la pointe du jour. La chaise est prête et le trajet se fait rapidement. Avant la nuit, ils arrivent à Saint-Denis. « Nous fraudâmes les droits de l'Église et nous nous trouvâmes époux sans y avoir fait réflexion. »

Les deux amants s'installent à Paris, rue V., dans un appartement meublé... Trois semaines passent, avec pour seule occupation la passion partagée. Puis Des Grieux pense à sa famille, au chagrin que son père a dû éprouver en ne le voyant pas et il propose à Manon de renouer avec lui et d'obtenir son autorisation de l'épouser. Manon accueille froidement ce projet : elle craint, dit-elle, de perdre Des Grieux si son père s'oppose à leur union. Elle rassure Des Grieux sur les nécessités matérielles : elle demandera aide à des parents de province. Des Grieux accepte sans aucune méfiance, convaincu de la sincérité de Manon et ravi par ses caresses... Même, il ne s'alarmera nullement quand il constatera que « la table était mieux servie » et que Manon « s'était donné quelques ajustements d'un prix considérable ».

« Je l'aimais avec trop de simplicité pour m'alarmer facilement. »

COMMENTAIRE

Le thème est banal, du puceau et de la fille avertie : on le retrouvera, notamment, dans Balzac, Stendhal, et dans *L'Éducation sentimentale*, de Flaubert.

La rencontre

Le hasard d'un événement, banal lui aussi (flânerie désœuvrée de Des Grieux qui, en compagnie de son ami Tiberge, attend son départ fixé au lendemain), le met en présence de Manon qui débarque du coche d'Arras. Immédiatement, c'est le coup de foudre pour Des Grieux : malgré son innocence (« sagesse », « retenue »), il ne s'exprime qu'avec **le vocabulaire de la passion**, d'ailleurs empreint de préciosité : « enflammé tout d'un coup, jusqu'au transport et à la folie ». Le changement est soudain dans son âme, immédiat : la **fascination** entraîne l'**émotion** puis le **bouleversement**. Spontanément le comportement de Des Grieux s'adapte à sa nouvelle situation : oubliées sa timidité, sa réserve ; il sait parler à la « maîtresse de son cœur » et la toucher. Il sait s'adapter aussi et deviner la ruse de Manon qui le fait passer pour son cousin auprès de son accompagnateur et, sans tarder, échafauder un plan de fuite.

L'inexpérience sentimentale de Des Grieux est tout de suite vaincue par **la fatalité de la passion** qui efface toute autre réaction : Des Grieux ne se pose aucune question, il n'a aucune lucidité, ne se livre à aucune réflexion.

Notons aussi le rôle symbolique joué par les relais de poste : c'est entre celui d'Amiens (rencontre de Des Grieux et de Manon) et celui de Pacy (rencontre de Des Grieux et de l'Homme de qualité) que se joue pratiquement le drame rapide, ramassé en quelques mois, de la vie des deux héros : un coche apporta le bonheur, un chariot l'emporta !...

Le sort

Il frappe, dès les premiers mots du récit (« Hélas ! ») et provoque, après le hasard de la rencontre, l'enchaînement de tous les événements ultérieurs. Il sera présent dans tout le roman et entraînera la succession des rebondissements et des coups de théâtre. Des Grieux en sera le jouet, sans toujours s'en rendre compte, car il restera sous le « charme » de Manon, témoignant d'une crédulité et d'une confiance qui empêcheront toute lucidité et toute prudence.

L'influence du sort s'ajoutera au pouvoir de séduction de Manon pour interdire toute réaction raisonnable de Des Grieux : « La douceur de ses regards, un air charmant de tristesse en prononçant ces paroles, ou plutôt, **l'ascendant** de ma destinée... » Le terme astrologique* est à la mode, il joue dans le registre passionné et ajoute à **l'idée de prédestination*** (Des Grieux est le jouet du Destin auquel il ne peut s'opposer) qui, lors de la parution, a fait trouver, dans le roman, des relents de jansénisme*. (Voir aussi : « C'était apparemment la volonté du Ciel. »)

Les personnages

Des Grieux : il fait son portrait lui-même, avant et après la séduction. Il est capable d'avoir conscience du contraste entre : **l'élève** à « l'humeur naturellement douce et tranquille », aimant l'étude, réussissant dans tous ses exercices, « estimé de tous les gens de la ville », étranger aux préoccupations vulgaires, qui n'avait « jamais pensé à la différence des sexes et à qui il n'était peut-être jamais arrivé de regarder une fille pendant une minute », et **l'amoureux** « enflammé tout d'un coup », que « l'amour rendait si éclairé », étonné lui-même du changement qui s'opère en lui mais oubliant et sa réserve et sa timidité habituelles : « On ne ferait pas une divinité de l'Amour s'il n'était accoutumé à opérer des prodiges. »

Manon : c'est d'abord **la séductrice** : « elle était si charmante », « la douceur de ses regards », « un air charmant de tristesse »... Mais c'est aussi **la femme habile**, malgré sa jeunesse, et déjà expérimentée : elle répond « ingénument », elle accueille calmement les confidences et les aveux de Des Grieux, elle ne se compromet pas, ne fait pas d'avances. Flattée de l'amour de Des Grieux qui est chevalier, donc d'un autre monde que le sien, elle mesure déjà tout ce qu'elle pourra en obtenir : le plaisir, mais aussi la liberté. **Sa « maturité » contraste avec le natu-**

rel, la naïveté de Des Grieux. Manon témoigne d'une grande et précise connaissance des hommes !

L'amitié

Il est important de retenir le touchant portrait que fait Des Grieux de son ami Tiberge pour apprécier, plus tard, la **grandeur d'âme** de celui-ci ainsi que sa constante et émouvante **générosité**, prodiguée en pure perte d'ailleurs : il ne réussira jamais à empêcher Des Grieux de commettre une erreur, et ne pourra que l'aider après coup, le plus souvent dans le seul domaine matériel.

C'est à travers les regrets qu'exprime Des Grieux de n'avoir pas suivi ses conseils (procédé d'anticipation du récit) que les « mille bonnes qualités » de Tiberge apparaissent, résumées dans le « zèle et la générosité qui surpassent les exemples les plus célèbres de l'antiquité ». On pense, aussi, par exemple à l'amitié de Montaigne et de La Boétie car Des Grieux ressent au fond de lui-même, sans être toutefois capable d'en profiter, cette sympathie profonde et cette compréhension dont Tiberge l'entoure, sans la moindre restriction ni le moindre intérêt personnel : son dévouement est total et pur de tout calcul.

La conduite du récit

On peut distinguer trois étapes dans le récit de la séduction* :

1. **L'effet produit par la rencontre** : le coup de foudre. C'est d'abord la soudaineté (le domaine du « tout d'un coup ») : la fascination est spontanée, elle produit l'émotion, puis l'accaparement de Des Grieux et le bouleversement de son comportement.

2. **L'échange** : l'ébauche du dialogue, les questions de Des Grieux, les signes (paroles, regards, mimiques, l'« éloquence scolastique ») ; les réponses de Manon (le ton, la réserve d'abord, puis la ruse à l'arrivée de son conducteur).

3. **La décision** : Des Grieux comprend et poursuit la ruse : échange de réflexions et décision de fuir.

Cet enchaînement montre la puissance et la rapidité du rapprochement entre les deux personnages et comment l'action physique, entre eux, abolit la distance qui les séparait. Ce sont les mesures qu'ils établissent en commun, dans le détail, pour préparer leur fuite, qui tissent les liens entre eux et scellent **leur union dans la complicité**. La décision naît aussi de la **fascination**, charme maléfique, dont on trouvera d'autres manifestations dans le roman.

III. PREMIÈRE INFIDÉLITÉ DE MANON ENLÈVEMENT DE DES GRIEUX PAR SON PÈRE

(p. 61 à 75)

RESUME

Rentrant plus tôt que prévu à son appartement, Des Grieux se heurte à une porte fermée : on ne lui ouvre qu'après avoir laissé le temps à M. de B. d'emprunter un autre escalier pour quitter le logis. Ce sont les explications que lui donne la servante, surprise et maladroite, qui est obligée d'avouer les consignes de sa maîtresse. Sans réaction devant cette révélation, Des Grieux va se réfugier dans le premier café rencontré pour essayer de mettre un peu d'ordre dans les pensées qui assaillent son esprit et le troublent.

Aussi évidente qu'elle soit, la trahison de Manon lui paraît impossible : c'est lui faire injure que de la soupçonner. Pourtant il est difficile d'expliquer la sortie furtive de M. de B. Les achats somptueux de Manon, sa promesse de secours familiaux pour détourner Des Grieux de renouer avec son père sont autant d'indices d'une vraisemblable et profitable liaison.

Malgré tout, les signes de l'amour de Manon pour lui sont indubitables et Des Grieux ne croit que ce qu'il veut croire. C'est sur une interprétation optimiste qu'il conclut : M. de B., riche, qui a beaucoup de relations, est sûrement l'intermédiaire qui a apporté à Manon les secours attendus de sa famille. Manon a voulu le recevoir en secret pour ménager la surprise à son amant : ainsi rasséréné par son excessive confiance, il retourne chez lui.

Au souper, Des Grieux espère les explications spontanées de sa maîtresse et se montre très gai. Au contraire, il remarque vite la tristesse de Manon et ses regards qui n'ont pas la même expression que d'habitude : amour ou compassion ? Puis elle pleure, toujours sans rien dire.

C'est alors que des pas se font entendre dans l'escalier et qu'on frappe à la porte. Manon s'esquive après un baiser. Des Grieux ouvre et, immédiatement, se trouve saisi par trois hommes qu'il reconnaît pour des laquais de son père. On le fouille. On lui explique qu'on agit sur ordre du père et que son frère aîné l'attend dans un carrosse... Baiser du frère aîné. Ordre au cocher de rejoindre Saint-Denis... justement la première étape de Des Grieux et de Manon il n'y a pas si longtemps !... Pas d'autre explication : Des Grieux a tout loisir de rêver à ce qui lui arrive. Il cherche, naturellement, qui a pu le trahir. Est-ce Tiberge ? Est-ce Manon ? Impossible de retenir cette deuxième supposition. Pourtant, sa tristesse récente, ses larmes restent mystérieuses. Une fois encore, Des Grieux refuse la lucidité qui lui aurait fait trouver une explication vraie : il préfère s'aveugler en imaginant que sa détresse n'a d'égale que celle de Manon. Sans doute a-t-il été remarqué dans la rue ? a-t-on prévenu son père ?... Il espère surtout être vite pardonné et revenir à Paris bientôt...

À la maison paternelle, l'accueil est plutôt réconfortant parce qu'indulgent ; mais les explications, au repas, l'inquiètent : le père dévoile que M. de B. a conquis le cœur de Manon et que, pour se débarrasser de Des Grieux, il lui a écrit le lieu de son domicile et les moyens de le saisir. Des Grieux, toujours incapable de croire à la moindre trahison de Manon, est désespéré et manifeste sa volonté de retourner à Paris pour la rejoindre. On l'enferme dans sa chambre, gardé par deux domestiques.

Le désespoir dure et le père, impuissant à faire entendre raison à son fils, même en lui promettant un autre mariage, redouble de précautions pour l'empêcher de s'enfuir.

Six mois s'écoulent. Des Grieux lit les livres à sa disposition, se calme quelque peu. Il reprend goût à l'étude, reçoit la visite de Tiberge. Celui-ci a vu Manon à la Comédie, a découvert qu'elle était entretenue par M. de B. Plusieurs fois

Tiberge revient : les conversations sont nombreuses avec Des Grieux qui obtient de son père l'autorisation d'entrer au Séminaire avec Tiberge.

COMMENTAIRE

L'action

Elle progresse par bonds, par coups de théâtre, avec une alternance de moments heureux et malheureux : il en sera ainsi dans tout le roman. Les deux amants se sont installés, ils vivent heureux, connaissant une plage de tranquillité. C'est alors que le sort se manifeste : ici, Manon en a été l'instrument quand elle a refusé la proposition de Des Grieux de renouer avec son père. Elle a pensé à d'autres moyens pour fournir des ressources au ménage : les avances de M. de B. tombent bien. Mais l'important est que cet incident remet tout en question : chaque fois que les choses semblent stabilisées et que Des Grieux et Manon auront réussi à surmonter une difficulté, il en sera ainsi. L'un et l'autre seront alors **impuissants à empêcher la catastrophe** qu'ils n'auront pas su ou pu prévoir.

Les sentiments et leur expression

L'évolution des sentiments de Des Grieux et ses réflexions dans la première partie du texte permettent de comprendre, au-delà, la vraie personnalité de Manon.

Des Grieux : Après avoir découvert la visite de M. de B. en son absence, il éprouve d'abord une grande « confusion » en son âme, due au choc de la réalité avec sa confiance en Manon. Son **trouble** se manifeste dans le vocabulaire qui traduit les signes physiques : « si confus », « je n'eus point la force d'entrer dans l'appartement », les larmes ; dans l'agitation (succession de verbes : « je pris le parti de descendre », « j'ordonnai », « je retournerais »...) et dans la méditation au café. Là, sa tristesse subite, son **désarroi**, son inquiétude se marquent dans la précision des gestes et dans leur succession : « j'entrai, m'assis, appuyai ma tête... », par les hésitations et l'instabilité : « Je fus près, deux ou trois fois, de retourner au logis. » Pourtant, cette **agitation**, tant physique qu'intellectuelle, aboutit à la seule constatation : « Il me paraissait si impossible que Manon pût me trahir. »

Manon : Or, cette constatation de Des Grieux n'a de valeur que pour lui, car, à travers toute son attitude dans la scène, le lecteur comprend que **son aveuglement le détourne de la vérité**. Presque jamais Prévost ne parle précisément du caractère de Manon : il n'en fait aucun portrait direct et ses actions, comme ses pensées, nous sont transmises par Des Grieux. C'est à travers lui essentiellement que nous la connaîtrons. Ici, c'est à travers les illusions et les entêtements de Des Grieux que Manon apparaît comme ce qu'elle est véritablement (la suite de la scène le confirmera) : son esquive au moment de l'arrivée des laquais du père de Des Grieux, les révélations sur sa connivence avec M. de B. pour dénoncer Des Grieux.

Le doute commence à naître sur la sincérité de l'amour de Manon, du moins au sens où l'entend Des Grieux, et sur la capacité de Manon à être suffisamment déterminée pour accepter les difficultés matérielles de l'existence quotidienne.

On verra par la suite comment, sans chercher véritablement l'argent, il lui est impossible d'envisager de vivre sans les moyens de satisfaire ses fantaisies, ses caprices.

Portrait du père de Des Grieux

Portrait en action : il se peint dans son discours et ses réactions en face de son fils.

C'est la seule fois dans le roman où le père est présenté directement. On ne le reverra qu'à la fin, lorsqu'il rendra visite à son fils au Châtelet.

La construction du portrait suit une progression jalonnée par les réactions de Des Grieux aux paroles de son père : celui-ci a décidé de lui montrer ses erreurs, mais il ménage ses effets pour ne pas heurter son fils de front et pour le convaincre de son échec.

Il l'accueille avec **bienveillance** (« se contenta [sens restrictif] de quelques reproches généraux ») et **indulgence** : il ramène la faute à une « absence sans permission » ; puis il lui donne un conseil, la **prudence** : sa punition, d'autre part, est méritée, on ne se livre pas à une « inconnue ».

L'accueil ayant détendu le climat du retour, Des Grieux ainsi mis en confiance, le père ose quelques **railleries** (« ma conquête », cette « fidèle maîtresse »), comme si la rupture était évidente maintenant et entendue : il joue l'accord de tous.

Puis le père franchit un degré et devient plus précis : il parle de « perfidie » et de « service intéressé » (de M. de B.). Il met **en doute** l'amour de Manon (« simplicité de croire que je fusse aimé... ») et, devant la protestation de Des Grieux, affirme qu'il est **dupe**, l'accusant de « sottise et de crédulité ». Le ton est ici un mélange de **raillerie** et de **sérieux** : il présente un véritable calcul du nombre de jours où, prétend-il, Des Grieux a été aimé. Il annonce d'abord le résultat (douze jours) qui provoque la surprise atterrée de Des Grieux, puis il fait le calcul, sans oublier la formule finale (comme en classe ! !) pour énoncer le résultat retrouvé : « reste douze » ! C'est plaisant, mais pour Des Grieux, cruel.

Après les éclats de rire, une dernière **révélation** sous la forme d'une accumulation d'informations : M. de B. lui a subtilisé Manon, il s'est débarrassé de lui en le dénonçant à son père (avec l'aide de Manon, du moins sa complicité) et en lui proposant main-forte.

Le **trait final** est une formule ramassée mais éloquente, traduisant à la fois la sûreté des arguments et l'habileté du discours qui a suivi un plan bien élaboré, destiné à convaincre Des Grieux tout en tenant compte de la psychologie de celui-ci et des difficultés de le détacher de Manon.

Le père est donc à la fois **bienveillant** et **indulgent** ; il **comprend** l'erreur de son fils et est prêt à la lui pardonner, mais il est **lucide** et **ferme** (c'est un homme d'expérience) et n'agit que pour le ramener dans le droit chemin. Il est capable d'**humour**, qu'il sait mettre au service de sa **leçon de morale** pour la faire mieux accepter.

Des Grieux, lui, reste là encore le personnage essentiel : c'est autour de lui que se construit le portrait de son père.

Les mœurs du temps

La rue V. (Vivienne) où Des Grieux et Manon ont trouvé refuge était célèbre à l'époque pour abriter les « favorisés du régime », notamment des fermiers généraux. C'était aussi là qu'on trouvait de nombreuses courtisanes ou femmes entretenues et ce n'est sûrement pas par hasard que Manon s'est dirigée vers ce quartier pour s'installer à Paris : sans doute y prévoyait-elle des possibilités...

D'autre part, l'**oisiveté** pose problème aux deux amants : les loisirs continuels demandent de l'argent et l'inoccupation quotidienne réclame de la variété. Malgré les calculs qui se voulaient sérieux, faits à « tête reposée », dans l'aisance relative, par Des Grieux et approuvés par

Manon, les hasards ponctuels ont vite fait de démolir les prévisions qui se voulaient sages mais qui péchaient par trop d'optimisme dans l'évaluation de la... sagesse nécessaire !

Enfin, le goût de Manon — qu'elle ne peut ni ne veut combattre — pour le luxe, la fantaisie, la diversité des bonheurs journaliers, la conduit inéluctablement, comme les créatures contemporaines de Restif de La Bretonne ou de Crébillon, **à la recherche d'un protecteur** argenté, tout proche ici puisque c'est le voisin lui-même... et qui est capable d'assouvir toutes ses fantaisies !

IV. SAINT-SULPICE : LA CONVERSION DE DES GRIEUX PUIS SON ENLÈVEMENT PAR MANON

(*p. 75 à 81*)

RESUME

Désormais, Des Grieux prend le titre d'Abbé et troque la Croix de Malte pour l'habit ecclésiastique. Il s'adonne avec fièvre aux études théologiques sans négliger aucunement sa piété. Il acquiert une grande réputation. Tiberge goûte le bonheur de son influence et se réjouit de la « conversion » de son ami.

Des Grieux ne pense plus à Manon. Un an a passé sans qu'il prenne la moindre nouvelle d'elle, aidé en cela par les conseils toujours présents et attentifs de Tiberge et par ses propres réflexions. Il se croit même sur le point de l'oublier.

Puis il est amené à soutenir un exercice public en Sorbonne auquel il invite plusieurs personnes : sa présence est ainsi signalée à Manon qui assiste discrètement à la séance.

À la fin de la journée, de retour à Saint-Sulpice, Des Grieux est prié de passer au parloir où une dame le demande. L'apparition de Manon « plus aimable et plus brillante qu'[il] ne l'avait jamais vue » enchante Des Grieux qui reste muet, les yeux baissés, attendant une explication.

C'est Manon, les larmes aux yeux, qui réussit la première à vaincre le mutuel embarras : elle confesse son infidélité mais se plaint de la dureté de Des Grieux qui n'a pris aucune nouvelle d'elle depuis deux ans et qui reste sans un mot en sa présence. Des Grieux, comme paralysé, ne réussit pas à parler et finit par répéter, avec douleur : « Perfide Manon, ah ! perfide ! perfide ! »

Le trouble renaît dans l'âme de Des Grieux quand Manon le menace de mourir si elle ne retrouve pas l'amour de son chevalier : celui-ci avoue n'avoir jamais cessé de l'aimer, il ne lui reste qu'à lui sacrifier sa vie.

Le duo reprend : caresses, confidences, serments. Tel Tartuffe, Des Grieux mêle les « expressions amoureuses et théologiques », pressent obscurément (le sort une fois encore !) qu'il va perdre sa fortune et sa réputation mais se laisse subjuguer par les « beaux yeux » de Manon. Il abandonne alors tous ses projets, rejette les faveurs auxquelles il touchait : seule Manon compte à nouveau pour lui.

Il ne reste à Manon qu'à assurer sa victoire : elle raconte comment elle s'est laissé prendre aux largesses de M. de B. sans avoir jamais été heureuse avec lui, comment elle avait appris la réclusion de Des Grieux et son exercice en Sorbonne. Elle dit son émotion intense, elle pleure...

Des Grieux, à son tour, est touché par un « repentir si vif » et prêt à nouveau à tout sacrifier à Manon. Elle l'entraîne sur le champ à quitter Saint-Sulpice.

Passage chez le fripier : Des Grieux reprend l'uniforme ! Pour plus de sécurité, il obtient de Manon qu'elle accepte de s'installer à Chaillot, proche de la ville mais à l'abri de rencontres toujours possibles... et d'une reconnaissance, à nouveau.

COMMENTAIRE

Double portrait de Des Grieux par lui-même (*p. 75-76*)

Après avoir évoqué l'installation à Saint-Sulpice et ses occupations alors, le mot « conversion », emprunté à Tiberge, conduit Des Grieux à une **méditation** sur les résolutions humaines et l'incertitude de leur constance. Cette méditation, qui anticipe là encore sur le récit en laissant deviner l'avenir et la remise en cause de la situation présente, lui fait **opposer les deux aspects fondamentaux de sa personnalité**.

1. **Le prêtre**, héritier de l'élève studieux, fidèle à la foi de son enfance et de son adolescence, s'exprime par un **vocabulaire religieux aux sonorités douces** (« sainteté, joie intérieure, secours célestes ») et par un **rythme de phrase équilibré** d'où émane la **paix**, presque la béatitude. Pour bien marquer sa certitude momentanée, une phrase de transition, pleine et équilibrée elle aussi, affirme la sérénité conquise, par l'opposition entre deux expressions symétriques : « délivré absolument » et « faiblesses de l'amour ». Sérénité qui s'exprime encore par la préférence affirmée entre les bonheurs spirituels et les plaisirs des sens : « Il me semblait que j'aurais préféré la lecture d'une page de saint Augustin, ou un quart d'heure de méditation chrétienne, à tous les plaisirs des sens, je dis même à ceux qui m'auraient été offerts par Manon. »

2. **L'amant** : cette certitude, acquise au long des mois et des méditations intérieures répétées, ne résiste pas à l'apparition de Manon. Pour montrer la soudaineté du changement et sa rapidité, le vocabulaire se fait **brutal** et **imagé** (« précipice, chute irréparable, profondeur, tombai »), dans une **phrase heurtée** (« plus d'un coup ») qui se termine vers un **prolongement irréversible** (« plus loin vers le fond de l'abîme »).

Le récit *(p. 77)*

Des Grieux reprend le détail des circonstances de la rencontre pour expliquer comment Manon l'a retrouvé. La scène, particulièrement émouvante, permet au lecteur de comprendre le **mécanisme de l'envoûtement** de Des Grieux par Manon : total et spontané dès l'apparition : « Toute sa figure me parut un enchantement. » C'est une sorte de scène mimée où les sentiments sont traduits par les attitudes. En voici les **étapes** :

— d'abord, la surprise de Des Grieux (signes physiques : « yeux baissés, tremblement ») ;

— puis l'initiative de Manon après le silence réciproque : sa douleur (larmes, ton timide) ;

— sa confession : « méritait ma haine » ;

— « **mais** » marque le tournant et la culpabilité de Des Grieux envers Manon : il a fait preuve de dureté (aucune nouvelle pendant deux ans) ; c'est le premier choc qui le pique au vif ;

— les attitudes : Manon s'assied, Des Grieux reste debout, muet (incapable de parler). Manon peut mesurer son émotion et son trouble. Il réussit à s'exclamer : « perfide... » ;

— le dialogue se précipite : Manon souhaite mourir, Des Grieux avoue : « mon cœur n'a jamais cessé d'être à toi » ;

— la victoire de Manon est désormais acquise, elle en a conscience et le manifeste dans ses réactions physiques : « se leva avec transport », « m'accabla de mille caresses » ;

— Des Grieux reste réservé : il répond avec « langueur ». Il vient de vivre retiré du monde, il y est replongé brutalement, au milieu de « mouvements tumultueux », l'adaptation est éprouvante !

Il faut remarquer que chaque personnage agit ici selon son vrai tempérament : la fougue et l'inconscience de Manon s'opposent au calme et à la réflexion de Des Grieux : comment ces deux personnages se sont-ils rencontrés ? Le récit montre parfaitement comment **ils sont le jouet du destin dans leur différence même** : sincérité de Des Grieux, habileté (ou inconscience ?) de Manon. Elle permet de mesurer aussi la **dégradation de la personnalité de Des Grieux** au fur et à mesure des aventures auxquelles il devra faire face.

La philosophie de Des Grieux (*p. 75*)

C'est le théologien qui anime la réflexion sur les résolutions humaines : la solitude est propice et conduit Des Grieux à essayer de **se comprendre lui-même**. (Le paragraphe anticipe, ici encore, et c'est en pleine tranquillité spirituelle que Des Grieux annonce le prochain bouleversement provoqué par la visite de Manon.)

Le raisonnement est rigoureusement composé :

— une réflexion générale : les résolutions humaines sont sujettes au changement, soumises aux passions qui sont, elles-mêmes, changeantes ;

— mais le cas particulier présent témoigne d'un changement dont la grandeur est inattendue et effrayante ;

— l'entrée à Saint-Sulpice a développé des tendances à la joie intérieure, à une sorte de sainteté, a délivré des faiblesses de l'amour et presque consacré la victoire de saint Augustin sur Manon !

— comment expliquer le bouleversement subit, pourtant intervenu avec « facilité » : sans « résistance », sans « remords » ?

— conclusion : Des Grieux est amené à comparer les secours célestes à la force des passions, idée libertine* qui met en doute la supériorité de la foi ou qui utilise la prédestination janséniste pour exprimer l'entraînement irrésistible des passions.

Les exercices de Sorbonne

Les présentations de thèses ou de discours étaient publiques et certaines personnes pouvaient y assister, derrière des sortes de grilles qui les isolaient : elles entendaient sans être vues. C'est ainsi que Manon a pu être présente sans se faire remarquer après avoir su que Des Grieux paraîtrait en Sorbonne le jour indiqué.

V. LES AMANTS DE CHAILLOT
(p. 81 à 86)

RESUME

Après une nuit prudente passée à l'auberge, les amants trouvent un appartement convenable à Chaillot, proche de Paris mais moins coûteux que dans la ville. L'entente est parfaite et la sérénité heureuse semble retrouvée : « Mon bonheur me parut alors établi d'une manière inébranlable », dit Des Grieux.

La première préoccupation est celle de l'argent : on s'efforce de faire durer les soixante mille francs que Manon a extorqués à M. de B. en prévoyant une dépense régulière et raisonnable. Des Grieux envisage même, d'ici une dizaine d'années, l'héritage de son père !...

Mais les bonnes résolutions durent peu et les occasions de dépenses imprévues se succèdent : Manon aime le plaisir et Des Grieux n'aime pas la contrarier.

Puis l'hiver approche, la campagne devient déserte et Manon s'ennuie à Chaillot. Elle insiste pour regagner Paris :

Des Grieux finit par accepter d'y louer un appartement meublé qui pourra les abriter quand ils rentreront trop tard d'une soirée. Ce surcroît de frais achève de brouiller le plan établi pour la gestion du budget.

Autre hasard malheureux – et conséquence de cette nouvelle installation –, un frère de Manon, garde du corps, homme brutal et rustre, se trouve habiter la même rue. Il reconnaît sa sœur et lui rend visite en l'absence de Des Grieux, l'accablant de reproches à propos de sa conduite dont il a connu les excès. Des Grieux apprend la scène à son retour. Mais le frère revient présenter des excuses : par politesse autant que pour faire plaisir à Manon, heureuse de la réconciliation, Des Grieux s'abstient de toute querelle et retient Lescaut à dîner. Mal lui en prend car le frère s'incruste, amène des amis, emprunte de l'argent et ajoute au déséquilibre de la fortune.

Alors que les deux amants ont passé la nuit à Paris, Des Grieux apprend, un matin, par la servante de Chaillot, que la maison a brûlé. Il y a eu beaucoup d'allées et venues pour les secours et Des Grieux constate qu'outre les dégâts de l'incendie, la petite caisse qui contenait l'argent a disparu. C'est à nouveau la tristesse et l'angoisse... Après un moment de désespoir, Des Grieux se ressaisit : il s'arrangera pour laisser Manon ignorante de la perte de la caisse ; puis il pense à l'avenir. Manon ne supportera pas la misère et il risque à nouveau de la perdre : il doit donc l'empêcher de « sentir la nécessité ». Il imagine ce qu'il ferait si, arrivé au terme des dix années prévues dans ses calculs, il avait épuisé les 20 000 écus. Il ne peut se fier qu'à ses talents pour « se tirer de la misère et de la pauvreté ». D'ailleurs « combien de personnes vivent à Paris qui n'ont ni [son] esprit, ni [ses] qualités naturelles ».

On devine que Des Grieux, désormais, s'égare sur la voie des compromissions pour garder Manon à tout prix. On le sent aussi sûr de sa réussite lorsqu'il termine ses réflexions par un aphorisme digne de Beaumarchais : « C'est un fond excellent de revenu pour les petits que la sottise des riches et des grands. »

COMMENTAIRE

Les revers du destin

Le **roman d'aventures** l'emporte ici sur le roman psychologique. Les faits se succèdent nombreux, divers, inattendus souvent, bouleversant la situation. C'est à travers ces aventures que Prévost **peint son époque** et brosse le tableau des mœurs contemporaines.

Nous assistons successivement à la fuite de Saint-Sulpice, au nouveau « déguisement » de Des Grieux qui change d'habit, à l'installation à Chaillot, à la location d'un appartement à Paris, à l'apparition de Lescaut, à l'incendie de la maison, au vol de la fortune. Toutes ces péripéties s'enchaînent avec une certaine vraisemblance mais leur accumulation a quelque chose d'artificiel.

De plus, elles se produisent au moment où le bonheur des deux amants semblait retrouvé et s'affermissait paisiblement grâce à leur sagesse et à leurs prévisions : **c'est toujours l'alternance des moments heureux et des catastrophes**. Mais, cette fois, le destin n'utilise pas le charme de Manon, il se manifeste sous la forme d'événements et de hasards extérieurs : la rencontre de Lescaut, l'incendie... La malignité n'est pas moindre et le couple en est toujours victime. Si le bonheur, pour Des Grieux, paraissait « inébranlable », le destin se charge de déstabiliser la situation et de relancer l'action.

Lescaut, le frère

Son apparition est aussi imprévisible qu'elle sera lourde de conséquences. Lescaut est un aventurier et d'emblée son comportement en dit long sur le personnage. Il ne témoigne d'aucune bonne manière ; « brutal et sans principes d'honneur », c'est ainsi que le juge Des Grieux. Il entre sans être invité, il jure, il injurie sa sœur. Il revient faire des excuses avec la même indiscrétion, le même tapage ; il ne craint pas d'avouer qu'il a enquêté auprès du laquais sur la moralité du maître !...

Rentré en grâces, il se rend tout de suite familier, s'impose, impose ses amis, prend sa place dans le carrosse, bref, il s'impatronise dans la maison de sa sœur, faisant payer ses dettes et solder ses dépenses courantes. Il joue, gagne parfois : il sait alors rendre une partie de ce qu'il a emprunté...

C'est un marginal dont on retrouvera la trace dans les pages de Restif de la Bretonne, par exemple, et qui contribuera largement à dévoyer Des Grieux.

La Providence selon Des Grieux ou le syllogisme de l'égalité

Des Grieux réfléchit, après sa crise de désespoir (le Ciel l'inspire !) : **il ne peut compter que sur ses propres qualités**. Et voilà que sa réflexion le conduit à trouver que la Providence lui donne raison. Il énonce le syllogisme qui a conduit sa pensée :

1°) La plupart des grands et des riches sont des sots (observation faite par tous ceux qui connaissent un peu le monde).

2°) Or, la justice empêche que les riches aient aussi de l'esprit (ils auraient tout et les autres rien d'où un excès de bonheur d'un côté incompatible avec l'excès de misère de l'autre).

3°) Donc, comme je ne suis pas riche, je dois utiliser mon esprit pour tirer profit des riches.

Il y a deux moyens pour cela :

— participer à leurs richesses en servant leurs plaisirs et en faire des dupes ;

— servir à leur instruction pour en faire d'honnêtes gens (avec peu de chances de succès).

Mais l'essentiel est de vivre à leurs dépens et rétablir ainsi l'égalité qu'ils avaient rompue.

Il est plaisant de noter que, cette fois, c'est Des Grieux qui invoque la Providence dont la voix se trouve être justement favorable à ce qu'il avait déjà décidé.

D'autre part, cette réflexion prépare la démarche prochaine qui le conduira chez Lescaut, en quête d'un conseil efficace (enchaînement logique des faits).

VI. DES GRIEUX CHERCHE DE L'ARGENT
(*p. 86 à 93*)

RESUME

Des Grieux, décidé à trouver l'argent dont il a besoin, s'ouvre à Lescaut de ses difficultés. Celui-ci lui propose, d'abord, de monnayer les charmes de Manon auprès d'un

seigneur qu'il connaît et qui « donnerait bien mille écus pour une nuit avec elle ». Des Grieux refuse nettement mais prudemment car il a besoin de Lescaut. La deuxième proposition est que Des Grieux lui-même se mette en liaison avec quelque dame « vieille et libérale ». L'accueil n'est pas meilleur. Des Grieux suggère alors le jeu, qu'il considère comme un moyen plus facile et convenable à sa situation. C'est au tour de Lescaut d'exprimer, en connaisseur, des réticences : jouer *simplement* risque d'entraîner la perte de Des Grieux ; jouer *seul en trichant* est dangereux ; la seule façon de procéder est l'*association*. Lescaut promet à Des Grieux de l'introduire parmi ses amis et de leur parler pour lui. Mais Des Grieux est découragé par sa conversation avec Lescaut qui a fait naître en lui l'inquiétude de le voir tirer parti de sa mauvaise situation en livrant Manon à quelque généreux amant.

Des Grieux songe alors à son père : mais le risque d'une nouvelle claustration est trop grand.

Tiberge apparaît enfin comme le recours providentiel. Malgré une certaine honte à paraître devant lui, Des Grieux lui donne rendez-vous au Palais royal où les deux amis se retrouvent. Des Grieux exprime sa confusion et le sentiment de son ingratitude ; il espère n'avoir pas perdu l'amitié de Tiberge. Celui-ci n'a pas varié et voue toujours à son ami la même tendresse. Il regrette seulement de ne pas réussir à empêcher Des Grieux de sombrer dans la ruine. C'est un cas de conscience pour lui que d'apporter à Des Grieux un secours matériel qui lui permet de persévérer dans sa faute alors que lui, Tiberge, voudrait l'en dégager. Et Des Grieux est obligé de dissiper le quiproquo : Tiberge cherche à prodiguer des conseils alors que Des Grieux attend de l'argent...

Tiberge accepte finalement de lui prêter cent pistoles. Dans un premier mouvement, Des Grieux a conscience de l'extrême générosité de son ami et de sa propre indignité. Mais, occupé à nouveau par la pensée de Manon, puis se retrouvant auprès d'elle, il « s'étonne d'avoir pu traiter de honteuse une tendresse si juste pour un objet si charmant ».

Manon et l'argent (*p. 92*)

C'est un paradoxe semblable que l'on trouve dans la page où Des Grieux disserte sur Manon et l'argent : avec la même admiration profonde pour sa maîtresse, il affirme que Manon n'a aucun attachement pour la fortune, mais qu'elle ne peut vivre si elle craint d'en manquer !... Elle ne se préoccupe que de ses passe-temps sans savoir ce qu'ils coûtent : le chevalier, lucide pour une fois, est bien persuadé que, sans être exigeante, Manon lui préférerait quelque nouveau B. si elle devait se contenter de la confiance et de la fidélité de Des Grieux. Ce raisonnement conduit naturellement Des Grieux à prévoir d'être toujours capable de satisfaire aux besoins de Manon et, malgré sa « répugnance à tromper », il se rend à nouveau chez Lescaut pour être introduit dans le cercle du jeu.

COMMENTAIRE

VISITE DE DES GRIEUX CHEZ LESCAUT (*p. 86-87*)

Explication détaillée

Situation du passage

Il s'agit d'un récit au cours régulier, avec de longs paragraphes qui relatent chacun une étape de la conversation entre Des Grieux et Lescaut. Son objet est de répondre à la préoccupation de Des Grieux : « Comment faire de l'argent ? »

Il fait suite à la méditation de Des Grieux, laquelle l'a conduit à accepter de jouer pour escroquer ses partenaires et s'enrichir. Des Grieux a, auparavant, calmé sa conscience en se confortant dans l'idée que « c'est un fond excellent de revenu pour les petits que la sottise des riches et des grands ».

La perspective dramatique se déroule en trois points :

1. les personnages,
2. leurs réactions entre eux,
3. les qualités du récit.

Les personnages

Lescaut :

Il apparaît ici comme un homme « compétent » : Des Grieux va le consulter ; il a réussi dans son « art » car son train de vie est nettement supérieur à celui que lui procureraient sa solde et sa fortune personnelle. De plus, il « connaît parfaitement son Paris » : c'est-à-dire que rien de profitable ne lui est étranger dans le domaine qui est le sien, le jeu. D'où l'ironie de l'appréciation de Des Grieux qui transpose les qualités attribuées à Lescaut du domaine de la sagesse à celui de la fraude. Mais en a-t-il conscience ? Il s'agit ici de la **compétence dans le vice** : c'est un compétent dépravé ! Cependant Lescaut n'est pas incapable de « philosopher » : il sait immédiatement répondre à Des Grieux que le malheur fait chercher une troisième voie entre « mourir de faim » et « se casser la tête de désespoir », que ces deux attitudes n'avaient aucune justification. Lescaut n'est jamais en reste, lui, d'une solution.

Des Grieux :

C'est le **naïf** et l'**ignorant** perdu dans la société de Lescaut, accablé par le sort, sans ressource personnelle pour résister à l'adversité et garder Manon à qui il tient aveuglément. Il finit par accepter la solution de Lescaut (entrer dans le milieu du jeu) parce qu'il est aux abois.

Les réactions des personnages entre eux

1. Lescaut répond évasivement à la demande de Des Grieux : pas de précisions, seulement la promesse de l'aider.
2. Des Grieux a besoin de concret, immédiatement.
3. Il repousse les deux propositions de Lescaut : prostitution de Manon, prostitution de Des Grieux.
4. Des Grieux s'accroche au jeu : Lescaut change d'attitude (sans doute a-t-il réfléchi au profit qu'il pourra tirer ?) et promet son aide auprès de ses amis... il promet même de l'argent. Il y a donc modification des rapports entre les deux personnages : Des Grieux a séduit Lescaut dès qu'il s'est placé sur son terrain de l'escroquerie.
5. Enfin, rôle essentiel joué par Manon malgré son absence dans la scène ; pour les deux personnages en présence, elle est la référence constante : c'est l'idée fixe de Des Grieux ; quant à Lescaut, il n'a jamais perdu de vue l'idée de tout ce qu'elle pourrait rapporter. Elle est le lien

de la conversation entre les deux protagonistes et constitue le ressort de l'action romanesque :

« Lescaut, frère de Manon », « que voulez-vous que je dise à Manon ? », « à propos de Manon », « une fille comme Manon », « infidèle à Manon », « ne rien apprendre à Manon ».

Remarque : on notera, dans les pages suivantes, la même présence de Manon dans la conversation entre Des Grieux et Tiberge : chacun des deux, cette fois encore, ayant à son égard une attitude opposée. Dans ces deux dialogues, la présence de Manon s'impose et c'est sa séduction qui oriente les propos de l'un et de l'autre dans un sens ou dans un autre : le thème originel du débat, « faire de l'argent », est dépassé au profit de l'attirance mutuelle des êtres.

Les qualités du récit

Le style indirect utilisé dans tout le récit est interrompu parfois par une expression transcrite directement qui vient **rompre le dialogue** (plutôt évasif) pour le ramener aux **préoccupations réelles** : « cela est bien vague, lui dis-je », « que voulez-vous que je dise à Manon ?, « à propos de Manon, reprit-il ».

Cela a pour effet de précipiter l'échange des propos et de donner de la **vivacité** au dialogue. Cette vivacité « théâtrale » du discours direct rythme les péripéties et ajoute un **ton pathétique** dès lors qu'il s'agit de Manon et du sort qu'on lui prépare.

Le débat prend aussi un **tour philosophique** dans l'exposition du dilemme : « Mourir de faim ou se suicider ? » La réponse de Lescaut se fait paternaliste : « Utilise tes talents. » Plus loin, il utilisera, lui, la litote pour évoquer « les petits moyens qu'un habile homme emploie pour corriger la fortune ».

Conclusion

Des Grieux, qui **oscille entre la vertu** (Tiberge) **et le vice** (Lescaut), suit ici une morale amoureuse ambiguë où les intentions n'ont pas toujours les mêmes significations que les actions. Il est sur la pente des expédients, poussé par la nécessité.

L'intérêt de la scène est dans le dialogue spécifiquement romanesque à propos de la richesse et des moyens de l'acquérir. Il réside aussi dans les lumières qu'elle projette sur le monde des marginaux de la Régence.

VII. L'HÔTEL DE TRANSYLVANIE
(p. 93 à 97)

RESUME

Lescaut présente Des Grieux aux membres du cercle de jeu : il reçoit un accueil favorable à cause de sa bonne mine, de son air honnête, propre à inspirer confiance. Aussi parce qu'il offre un souper à ses nouveaux amis et qu'il les régale magnifiquement. On flatte ses heureuses dispositions, on se réjouit de recruter un habile adepte et on remercie même Lescaut d'avoir découvert ce novice. Un des chevaliers est chargé de l'initiation de Des Grieux dont l'activité doit se dérouler à l'Hôtel de Transylvanie. Il s'y trouve plusieurs tables de jeux de cartes, de dés et une table de pharaon. Le fonctionnement est au profit de M. le Prince de R...

Les leçons reçues font merveille et Des Grieux, grâce à son habileté et à sa dextérité, se permet d'amasser un gain considérable en très peu de temps.

Il dévoile alors à Manon le vol de Chaillot qu'il lui avait caché et loue une nouvelle maison pour la consoler de la perte de la première.

Pendant tout ce temps, Tiberge, fidèle à sa promesse de ne pas quitter Des Grieux car il n'a jamais perdu l'espoir de le ramener dans le droit chemin, lui fait de fréquentes visites. Des Grieux accepte poliment les leçons de morale mais elles ne le touchent pas : il ironise même sur la liberté des mœurs de nombreux prêtres et évêques. Après tout, il ne fait pas plus qu'eux ! Mais, quand Tiberge s'aperçoit que Des Grieux s'enrichit autant, il imagine que ses moyens ne sont pas légitimes. Ses accusations se font plus dures et plus exigeantes : Des Grieux refuse tout changement dans sa conduite et c'est la rupture... que facilite Manon car les visites répétées de Tiberge et ses leçons l'ennuient...

Le chagrin de Des Grieux est de courte durée grâce aux caresses de Manon. La vie heureuse et opulente rapproche encore davantage les deux amants qui connaissent une période de bonheur grâce à la richesse, au plaisir et à l'amour.

Mais leur fortune fait des envieux, notamment en la personne des deux domestiques, très au courant de la vie de leurs maîtres. À l'occasion d'une absence (Lescaut a retenu à dîner sa sœur et Des Grieux), ils pillent la maison, emportant argent et vêtements. À leur retour les maîtres constatent le désastre et c'est – nouveau coup de théâtre – encore une fois le malheur.

Malgré l'espoir de Des Grieux de rattraper cette perte à l'Hôtel de Transylvanie, la ruine est si complète (« il ne nous restait pas une chemise ») que Manon et Des Grieux sont consternés et désespérés.

COMMENTAIRE

Le jeu

Il est, au XVIIIe siècle, un moyen de s'enrichir et de passer le temps pour les oisifs en quête de bonne vie et d'aventures galantes. C'est une véritable organisation, presque une institution.

Le jeu public est défendu. « Des ordonnances non abrogées interdisaient le pharaon, le biribi, le lansquenet, la bassette, le hocca. Mais la police, impuissante à les faire respecter, s'était arrangée du moins de façon à profiter de leur infraction. Sous la condition d'une surveillance toujours éludée quand elle n'était pas complice et d'une part faite sur les produits du vice au budget de l'Assistance publique, elle accordait les licences à un certain nombre d'établissements de plaisir, comme cet Hôtel de Transylvanie où Des Grieux, embauché par Lescaut, fera ses premières armes de chevalier d'industrie*. » (M. de Lescure, préface à *Manon Lescaut*, A. Quantin, 1879.)

On jouait aussi chez certains grands personnages (Hôtel de Gesvres, Hôtel de Soissons), soit par privilège attaché à la fonction, soit grâce à la tolérance du bon plaisir royal.

Enfin, d'autres lieux se passaient de permission, couvrant leur illégalité sous le prétexte d'une immunité diplomatique par exemple.

Ces pratiques qui remontaient au temps de Louis XIV avaient pris tant d'importance que le gouvernement essaya de les contrôler, impuissant qu'il était à les supprimer. On autorisa, en 1722, huit académies* de jeu dans Paris moyennant une redevance destinée à soulager les pauvres.

Mais cette importance des maisons de jeu et l'ancienneté de leur existence expliquent l'indulgence à leur endroit des mœurs du temps et, en partie du moins, le raisonnement de Des Grieux qui ne fait que suivre l'exemple qu'il a sous les yeux.

L'Hôtel de Transylvanie était situé à l'angle du quai Malaquais et de la rue Bonaparte. Il appartenait au prince Rakoczi, prince de Transylvanie.

La morale

Tiberge redouble d'efforts pour **convaincre** son ami de **rentrer dans le droit chemin**. Sa démarche est graduée.

En premier lieu, il fait appel aux « bons sentiments » de Des Grieux, lui montre « le mal qu'il se fait ».

Il témoigne d'une grande patience pour écouter la défense de Des Grieux (comme pour le jeu, l'exemple vient d'en haut !).

Puis il durcit le ton pour reprocher les façons illicites de Des Grieux de s'enrichir. Il le menace du courroux du Ciel et de la punition qui ne manquera pas d'intervenir (« criminels plaisirs »).

Enfin, il rompt en proférant la malédiction (« puisse votre fortune... ») et en promettant alors son secours quand Des Grieux en sera à souffrir de ses fautes.

L'influence de Tiberge est destinée à **contrebalancer** les élans de Manon : ses qualités de compréhension et de dévouement en font un **personnage solide et responsable** qui apporte, face à l'inconscience de Des Grieux et à l'instabilité de Manon, une **gravité** et une **générosité** d'autant plus remarquables que Tiberge souffre profondément de ne pouvoir sauver son ami.

VIII. LIAISON ET DUPERIE : M. DE G.M.
(p. 97 à 107)

RESUME

Pendant que Des Grieux, sur le conseil de Lescaut, s'en va porter plainte auprès du Lieutenant de Police et du Grand Prévôt de Paris, sans succès d'ailleurs, Lescaut propose à sa sœur une liaison avec un certain M. de G.M., très géné-

reux pour payer les plaisirs que son goût pour la volupté recherche.

Troublée par la disgrâce dont elle se demande comment en sortir, Manon accepte le marché qui doit se réaliser dès le lendemain.

À son retour, Des Grieux trouve Lescaut, mais Manon s'est enfermée dans son appartement, pour prendre du repos ! Le lendemain, quand il s'enquiert d'elle, il apprend qu'elle est sortie avec son frère. Soupçons.

Des Grieux trouve une lettre pour lui dans l'appartement de Manon : celle-ci proteste de son amour (« tu es l'idole de mon cœur ») mais ne peut supporter la situation d'indigence imposée à nouveau par le sort : d'où son départ. Elle prend l'initiative de retrouver la fortune : « Malheur à qui va tomber dans mes filets ! »

Agité de sentiments difficiles à démêler, Des Grieux n'arrive pas à concilier le départ de Manon avec l'affirmation de son amour pour lui.

Paraît alors Lescaut que Des Grieux reçoit très mal, la main à son épée, en lui demandant où est Manon.

Lescaut s'explique : Manon, ne pouvant accepter la crainte de la misère ni la baisse de son train de vie, a souhaité rencontrer un homme généreux ! Il l'a mise en relation avec M. de G.M. à qui elle tient compagnie dans sa maison de campagne. Lescaut raconte alors toute la mise en scène qu'il a imaginée pour tirer le meilleur profit de la situation et inspirer confiance à M. de G.M. : il a présenté Manon avec des revers de fortune, un jeune frère à sa charge depuis la mort des parents, etc. Bref, de quoi attendrir le « protecteur ».

Des Grieux médite à nouveau et éprouve des remords : il revoit les « lieux où il a vécu dans l'innocence », il s'interroge sur la fatalité qui l'a entraîné, sur l'amour, « passion innocente » qui « s'est changée, pour lui, en une source de misères et de désordre ». Pour la première fois, il regrette ce qu'il a fait : son père abandonné, « l'estime des honnêtes gens », « la tranquillité de la vertu ». Il pense même qu'il aurait évité tous ces malheurs s'il avait « épousé Manon avant de rien obtenir de son amour ». La sagesse semble l'emporter dans son âme troublée. Ce n'est que passager : ce que Manon a fait est sûrement bien et, sutout, s'il le refuse, il la perd. Il accepte donc et – renversement de son attitude – se range aux côtés de Lescaut pour profiter au mieux de son projet.

Celui-ci, trop heureux de la décision de Des Grieux, a donc réussi à l'entraîner dans l'engrenage tragique. On décide comment Des Grieux jouera son rôle de frère cadet de Manon, en prenant un air simple et en prétendant se préparer à entrer dans les ordres.

Manon de retour dans la maison louée par M. de G.M., Lescaut et Des Grieux s'y rendent.

M. de G.M. est sorti. La scène entre Des Grieux et Manon tourne mal : Des Grieux, « triste et languissant », reproche à Manon sa perfidie et son infidélité, exprime son affliction profonde devant l'attitude d'une « si dure et si ingrate maîtresse ». Manon, qui s'est d'abord contentée de railler la « simplicité » de Des Grieux, se fâche et prétend renoncer au projet si lui ne l'accepte pas. Elle demande seulement quelque temps pour recevoir les présents promis par M. de G.M. Soulagement de Des Grieux. Lescaut finit, lui aussi, par accepter. Il est alors décidé que tous les trois se retrouveront à souper avec M. de G.M., occasion d'une scène agréable où Des Grieux jouera son rôle de jeune frère et où il surveillera les attentions de M. de G.M. pour sa maîtresse. Lescaut et Des Grieux s'effaceront quand M. de G.M. montera à sa chambre et Manon, au lieu de le suivre, rejoindra son frère et Des Grieux dans un carrosse qui les attendra à la porte.

L'heure du souper arrive. Manon est là, avec Lescaut. Le vieillard lui offre des bijoux de grand prix, lui compte la moitié de la pension annuelle en louis d'or. Puis, Lescaut fait entrer Des Grieux, resté dans la pièce à côté, le présente à M. de G.M. qu'il surprend par quelques réflexions à double sens mais qu'il trouve joli garçon. Des Grieux s'offre même le plaisir, durant le souper, de raconter à M. de G.M. sa propre histoire, déguisée bien entendu, ce qui n'est pas sans effrayer Lescaut et Manon. Mais tout se déroule bien, dans la joie collective, et le repas s'achève comme prévu : quand M. de G.M. propose à Manon de gagner la chambre, Lescaut et Des Grieux se retirent. Manon, sortie sous le prétexte d'un besoin, les rejoint. Le carrosse les emmène tous les trois.

M. de G.M. ne tarde pas à s'apercevoir qu'on l'a trompé. Il découvre vite et le refuge des deux jeunes gens et la véritable identité de Des Grieux et l'ancienne liaison de Manon avec M. de B. Au petit matin, il fait arrêter Des Grieux qui sera emmené à Saint-Lazare et Manon conduite à l'Hôpital général, après que les gardes, accompagnés par un exempt du Lieutenant de Police, ont récupéré l'argent donné par M. de G.M.

COMMENTAIRE COMPOSE

LA SCÈNE DU SOUPER
(*p. 104-106*)

Introduction

Il s'agit d'une scène caractéristique du **roman libertin**, traitée en comédie de boulevard. Elle met en présence quatre personnages importants :

— le vieillard riche et libidineux (voluptueux),
— la fille qui se vend,
— son amant qui en profite,
— l'intermédiaire-entremetteur qui a organisé le coup.

C'est une scène de **mystification** dont l'**allure est comique** — d'autant plus qu'elle se déroule comme elle a été préméditée — mais dont les **conséquences** seront définitivement **graves** et **tragiques** puisqu'elle aboutira au double emprisonnement de Des Grieux et de Manon. Ce deuxième dénouement, dans la naïveté de leur calcul et le désarroi de leur situation, n'avait pas été prévu par les deux jeunes gens.

Le récit

Le mouvement en est cursif, sans à-coups. Le style est le plus souvent indirect : les paroles rapportées étant surtout les explications de Lescaut au vieillard pour lui présenter Des Grieux, et les répliques à double sens de celui-ci pour les mettre en relief et montrer qu'il s'amuse tout en surveillant Manon.

Les étapes :

— l'arrivée de M. de G.M. et ses cadeaux ;

— la présentation de Des Grieux :

• le ton protecteur de Lescaut : qui insiste sur l'air réservé de Des Grieux, lui donne des conseils (pour flatter M. de G.M.) ;

• la soumission de Des Grieux (révérences) ;

— les conseils de M. de G.M. ;

— les réponses à double sens de Des Grieux ;

— le départ : M. de G.M. ; les trois autres.

Un détail important : alors que Manon est l'enjeu de la scène, c'est Des Grieux qui accapare l'attention : il séduit M. de G.M. par son air et par ses reparties. Il y a, là encore, déplacement de l'intérêt de Manon vers Des Grieux : **confirmation de l'importance de l'histoire du chevalier dans l'esprit et l'intention de l'auteur**.

La mystification se fait dans la bonne humeur, même s'il plane sur sa réussite une évidente incertitude (naïveté du calcul).

Valeur de la scène : comique et gravité

Importance dramatique d'abord : son rôle dans la suite des événements et dans l'acheminement vers le dénouement ; l'emprisonnement qui interviendra pèsera lourd dans la suite des aventures. C'est le début des péripéties tragiques : les deux évasions entraîneront deux morts violentes (Lescaut et le portier).

Cette scène, qui pourrait apparaître comme un intermède, est en réalité capitale : elle achemine le récit vers la fin de la première partie et sa conclusion sera irréversible. L'**engrenage** dans lequel sont engagés les deux amants est désormais enclenché (alors que jusqu'à présent ils réussissaient à se dégager).

Valeur morale : le « déguisement » de Des Grieux, imaginé par Lescaut, pour le faire passer pour un jeune homme qui se destine à la prêtrise, n'est que le démarquage de sa première vocation : « Cette innocence qui était la mienne. » Le ton affecté de Des Grieux dans son aveu lucide marque bien que **l'innocence est définitivement disparue** : il y a progression dans le vice pour cet apprenti proxénète qui se moque de sa victime. Il y a aussi, sans doute, le souvenir de la maison du père, de « tous ces lieux où j'avais vécu dans l'innocence ».

C'est une pensée janséniste que celle de la perte irrémédiable de l'innocence.

Aspect héroïque : malgré tout, Des Grieux est proxénète contre son gré, subissant en quelque sorte la nécessité puisque ni Lescaut ni lui n'ont trouvé une autre voie. Il souffre de jalousie, de même que Manon a des scrupules : il y a chez elle une sorte de **sacrifice** qui lui a fait refuser ses faveurs à M. de G.M. jusqu'à présent.

Les éléments comiques

Ironie amère : la maladresse et la lourdeur du vieillard qui, pour tout compliment, offre des bijoux. Le vocabulaire est celui du commerce (« assaisonna », « quantité ») et Manon ne peut refuser quelques baisers « qui lui procurent des droits » sur ce qu'« elle reçoit ».

Comique d'attitude et de repartie : Des Grieux prend l'air niais et soumis ; il utilise des formules à double sens pour répondre au vieillard : « nos deux chairs se touchent de bien proche », « je crois bien que j'en trouverai de plus sots que moi à Paris ». (Ce comique rappelle celui de Molière.)

Autre élément comique : la crainte de Lescaut et Manon que Des Grieux se trahisse en allant trop loin dans ses allusions.

Comique de farce : le barbon trompé par des jouvenceaux ; Manon sort sous le prétexte d'un « besoin » (à la limite de la vulgarité). (On trouvera le même comique dans l'incident de la culotte au moment de la sortie de l'Hôpital général).

Conclusion

Cette scène, qu'on lit une première fois comme un épisode libertin, apparaît finalement presque à l'opposé. Derrière la plaisanterie montée de toutes pièces par les jeunes gens pour se venger et se libérer du vieillard, derrière la joie manifestée intérieurement du bon tour qu'on lui joue, derrière la fuite momentanément réussie, se cachent des **perspectives plus sombres** et un proche avenir qui va tout de suite **tomber dans le drame le plus tragique** : la reprise en main, avec toute son influence, de M. de G.M. et les deux emprisonnements.

La scène reste donc complexe et riche de signification par cette double dimension : **légère et drôle en apparence, dramatique et grave en réalité**. Et cette gravité masquée ajoute son poids en nous montrant que le roman est précisément et savamment composé, alors que le roman libertin, lui, est habituellement fragmenté (« Heptaméron », Boccace, Crébillon).

IX. LA PRISON SAINT-LAZARE
(p. 107 à 115)

RESUME

Manon est emmenée à l'Hôpital général. Des Grieux se retrouve, lui, à Saint-Lazare où il arrive avec beaucoup d'appréhension et des idées de dégoût, fonction de la réputation de la prison. Il est accueilli avec douceur par le Supérieur qu'il interroge sur le sort qu'on lui réserve. Le Supérieur s'efforcera de lui « inspirer le goût de la vertu et de la religion ». Il attend de Des Grieux qu'il profite de sa solitude pour obéir à ses conseils et réfléchir sur sa conduite passée. Le Supérieur est au courant des aventures qui ont conduit le chevalier où il est et cette révélation afflige beaucoup Des Grieux. Il passe la première semaine incapable de sortir de « sa honte et de sa confusion ». Même la pensée de Manon n'augmente pas sa douleur.

Le Supérieur témoigne une certaine sympathie à Des Grieux. Il lui rend visite plusieurs fois par jour et persévère dans ses leçons de morale qu'il lui prodigue au cours de promenades dans le jardin. Il n'arrive pas à comprendre comment Des Grieux « si doux et si aimable » a pu sombrer dans le libertinage, ni comment, après avoir connu un tel désordre, il reçoit les conseils avec tant de calme. Il le complimente sur son « fond de rectitude morale » et Des Grieux est persuadé que la compréhension et la sympathie du Supérieur lui sont acquises et pourront lui être utiles. Il demande des livres et choisit des titres édifiants. Mais ses pensées ne s'éloignent pas pour autant de Manon qu'il imagine toujours avec M. de G.M. depuis qu'il n'est plus là pour les gêner ! Il cultive consciencieusement son hypocrisie pour être sûr de plaire au Supérieur. Croyant y être parvenu, il lui demande un jour s'il est tout-puissant pour le faire libérer : il peut beaucoup.

M. de G.M. à qui le Supérieur a parlé de Des Grieux annonce sa visite dans la prison : il est curieux de connaître sa « victime ».

L'entretien se passe bien, d'abord : Des Grieux écoute les leçons et les remarques de G.M. avec politesse ; il supporte même les railleries sur les « petites chapelles ». Mais les choses se gâtent quand G.M. parle du séjour de Manon à l'Hôpital général. Des Grieux se précipite sur lui avec une « si furieuse rage » qu'il faut le secours du Supérieur et de plusieurs religieux pour délivrer G.M. que Des Grieux allait étrangler. La violence de la lutte est telle que les assistants en sont tout troublés, ainsi que des larmes et du désespoir de Des Grieux.

Alors que G.M. se remet de ses émotions, il ordonne au Supérieur de châtier durement Des Grieux. Mais le Supérieur refuse, attestant de la douceur et de l'honnêteté habituelles du chevalier et s'interrogeant sur la soudaineté de sa brutalité.

Resté seul avec Des Grieux, le Supérieur lui demande explication. Des Grieux raconte sa passion pour Manon, le vol des domestiques, les offres de G.M. à Manon, la façon dont le marché a été rompu. Il accuse le sentiment de vengeance de G.M. et, surtout, lui reproche l'internement de Manon à l'Hôpital. Le Supérieur, touché par le récit de Des Grieux, décide d'aller trouver le Lieutenant de Police pour essayer de le fléchir, au moins pour éviter une nouvelle intervention de G.M.

En attendant le retour du Père, Des Grieux continue de se lamenter sur le sort misérable de Manon et persévère dans son projet de sortir de Saint-Lazare, surtout si le Lieutenant de Police refuse de la libérer... Le Supérieur revient mais sans la bonne nouvelle attendue : G.M. était déjà intervenu... Ce n'est qu'après le récit du Supérieur que le Lieutenant s'est adouci et lui a recommandé de traiter Des Grieux « honnêtement » : malgré cela, il devra rester six mois à Saint-Lazare pour satisfaire G.M.

COMMENTAIRE

Dialectique et gestion d'une situation

Outre que, tout au long du roman, Des Grieux est toujours présent, jouant un rôle actif (même dans les moments d'abattement, il ne reste pas longtemps sans reprendre rapidement l'initiative de la réflexion et de l'action), il se révèle ici plus encore le personnage essentiel.

Les étapes de l'entretien avec le Supérieur nous éclairent sur son caractère et sur sa dialectique. Après une riposte spontanée et agressive à l'accueil plein de douceur du Supérieur (« point d'indignités »), il prend vite conscience de sa dépendance vis-à-vis de lui et explore habilement le « climat » : que sait, que pense, son geôlier ? Son besoin de respectabilité est atteint quand il découvre que ses frasques sont connues et son identité aussi. Son désespoir s'exprime dans le vocabulaire : « le plus rude châtiment », « un ruisseau de larmes », « une humiliation », « la fable... la honte de ma famille ». Sa sincérité est attestée par « la semaine de peines » qui le paralyse et la profondeur de sa douleur par l'indifférence au souvenir de Manon.

Il reste lucide et **capable de s'analyser lui-même** : seul un homme au-dessus du vulgaire est capable de ressentir de la honte à ce point de violence.

Le Supérieur, conquis, exprime sa **compréhension** et déclenche, du même coup, le calcul de Des Grieux : « Je résolus de l'augmenter [sa sympathie] par une conduite qui le satisferait entièrement. » Successivement, il affecte de passer son temps à étudier, il choisit des œuvres pieuses, puis joue « un personnage d'hypocrite » (« je fis semblant », « je lui donnai toutes les preuves »). Une certaine connivence s'établit entre le Supérieur qui espère la conversion de Des Grieux et le chevalier qui tire parti de la sympathie qu'il a réussi à faire naître.

La dialectique aboutit à la **séduction** et le calcul se matérialise dans la question posée : quel est le pouvoir du Supérieur ?

À partir de là — et après la visite de G.M. — Des Grieux énumère ses confidences qui achèvent d'attendrir Le Supérieur : il ne lui reste plus qu'à le faire intervenir auprès du Lieutenant de Police : l'ascension vers la complicité avec le Supérieur est obtenue. La passion de Des Grieux a réussi à lui faire briser l'ordre établi.

Portrait du Supérieur

C'est le responsable de la prison parce que celle-ci est destinée à ramener dans le droit chemin les égarés qu'on lui confie et dont les culpabilités sont diversement graves : ce qui explique qu'il soit au courant du dossier de Des Grieux.

Son abord est naturellement doux et il ne manque pas d'égards pour lui. En homme généreux, qui fait confiance à la nature humaine, il parie sur son bon fond et le traite avec compréhension et indulgence : « vous êtes d'un naturel si doux et si aimable », « un fond de rectitude morale ». Il découvre surtout l'aspect religieux et l'influence de la foi dans le caractère de Des Grieux. Il minimise les ravages de la passion (sans doute il la connaît mal !) : « Pas besoin de vous retenir ici longtemps pour vous ramener à une vie honnête et réglée. »

Il s'intéresse aux mobiles qui ont pu entraîner Des Grieux dans le désordre.

Nous sommes en présence d'un dialogue entre deux personnages : **l'un de foi (et de bonne foi !)**, attentif aux malheurs de l'autre et à leurs causes, dévoué par vocation et par l'intérêt que son interlocuteur a suscité ; **l'autre**, malgré son bon fond, **poussé par la nécessité et la passion**, est préoccupé par la recherche des moyens susceptibles de le sortir de sa situation actuelle.

Des Grieux a évolué tout au long de la scène, au fur et à mesure qu'il a découvert le parti qu'il pouvait tirer de la bienveillance du Supérieur : **il est à la fois coupable et innocent**. Le Supérieur l'a très bien vu et c'est ce qui explique sa compréhension et son indulgence.

La prison

Peu de documents sur la prison : pas de détails réalistes. La description est fonction de Des Grieux.

Constatons que M. de G.M. a le pouvoir de faire enfermer facilement ceux qui le dérangent !...

X. ÉVASION DE DES GRIEUX

(p. 115 à 124)

RESUME

La fin du Livre premier est occupée par l'accumulation des aventures : successivement, l'évasion de Des Grieux, puis celle de Manon, enfin le meurtre de Lescaut. Les événements, donc, se précipitent et nous acheminent vers une situation à nouveau plus stable où les deux amants vont se retrouver et retrouver une certaine tranquillité qui, une fois encore, sera de courte durée.

À force de réflexions et de travaux d'approche pour séduire le Supérieur, Des Grieux a réussi à échafauder un plan d'évasion, après l'échec de son entrevue avec M. de G.M. Il lui faut l'aide de Lescaut et, pour le joindre, il va utiliser Tiberge. Il obtient du Supérieur l'autorisation d'avertir « un saint ecclésiastique qui demeure à Saint-Sulpice ». Des Grieux a préparé une lettre pour Lescaut lui demandant de venir le voir en se faisant passer pour son frère aîné. Cette lettre est glissée dans une deuxième enveloppe à destination d'un de ses amis avec mission pour lui de la remettre à Lescaut. Tiberge ignorera ainsi que le vrai destinataire est le frère de Manon, ce qui aurait pu lui paraître suspect.

La visite de Tiberge est occupée par une longue conversation entre les deux amis retrouvés : vice, vertu, bonheur, raison, idées libertines, félicité vraie, religion... tout ce qui sépare les deux hommes est évoqué et débattu dans un dialogue où la dialectique, de part et d'autre, essaie de convaincre ! L'habileté de Des Grieux réussit à attendrir Tiberge : « Il vit bien qu'il y avait plus de faiblesse que de malignité dans mes désordres. » Celui-ci accepte de porter la lettre sans savoir ce qu'elle contient.

Elle parvient à son destinataire.

Lescaut est fidèle au rendez-vous dès le lendemain. Il n'a aucune nouvelle de Manon qu'il n'a pas réussi à voir à l'Hôpital. D'où la colère de Des Grieux : « Malheureux G.M., m'écriai-je, que tu me le paieras cher ! »

Puis, on passe aux préparatifs de sortie. Lescaut voit beaucoup de difficultés (« nulle ressource du côté du dehors »). Des Grieux, lui, a tout examiné : impossible de rien imaginer dans la prison même. Mais son imagination est toujours en éveil quand il s'agit de Manon. Elle lui fournit une inspiration subite. Que Lescaut lui apporte, demain, un pistolet (il n'a pas besoin d'être chargé) et se trouve, avec deux ou trois amis, près de la porte de la prison, à onze heures du soir. Des Grieux ne veut en dire plus.

Lescaut revient le lendemain avec le pistolet : on l'a laissé rentrer sans difficulté... sur sa bonne mine !

Des Grieux a combiné de prendre les clefs que le portier dépose chaque soir chez le Supérieur. Il attend donc le moment propice : il réveille doucement le Supérieur, lui explique qu'il ne peut plus supporter la prison et qu'il a choisi la nuit pour partir. Il lui demande les clefs et, devant les réticences du Supérieur, lui montre le pistolet, pour l'effrayer. Le Père est contraint de céder et de conduire Des Grieux par les couloirs. Arrivés à une dernière porte, alors que le Supérieur manœuvre les verrous, un domestique, qui a entendu du bruit, paraît. Le Supérieur demande du secours, le domestique s'élance sur Des Grieux qui tire. L'homme s'effondre. Le Supérieur n'ose refuser d'ouvrir la dernière porte.

Des Grieux sort. Lescaut est là, avec deux amis et tous vont passer le reste de la nuit chez un traiteur.

Tout de suite, Des Grieux pense à délivrer Manon mais Lescaut lui conseille de se faire oublier pendant quelque temps.

COMMENTAIRE

Le climat de l'aventure

Tous les ingrédients sont rassemblés.

Les préparatifs. Des Grieux a utilisé la liberté donnée par le Supérieur pour explorer les couloirs qui aboutissent à sa chambre (troisième étage). Il a observé les habitudes du portier (dépôt des clefs chaque soir). Il a remarqué le silence et la tranquillité qui règnent dans la prison après le couvre-feu.

Les précautions. Ayant réveillé le Supérieur, il pénètre dans sa chambre, l'attire dans le coin opposé à la porte, lui parle doucement, exprime sa lassitude et son besoin de liberté, lui demande de ne pas faire de bruit.

Mais **il s'énerve progressivement** devant les réticences du Supérieur et sa morale qui prennent du temps : il le menace du pistolet.

On voit, à travers ces divers indices, comment progresse l'action et comment Des Grieux a prémédité son geste en prévoyant tous les détails et le déroulement de la scène (sans vouloir le dire à Lescaut, lors de sa visite de la veille).

L'énervement redouble quand le domestique s'élance sur lui : c'est l'incident imprévu qui risque de tout compromettre dans l'opération en train de réussir. D'où le coup de feu : spontané, instinctif, réflexe. Une fois libéré, il ne lui reste qu'à poursuivre la réalisation de son projet : déjà il invente « l'opération Manon ».

Le mélodrame

On relève dans ce récit beaucoup d'**invraisemblances** qui témoignent du peu d'intérêt porté par l'auteur au **réalisme** : comment expliquer que le Supérieur, au moins après la première surprise passée, reste aussi passif devant les injonctions de Des Grieux (malgré le pistolet) ? Pourquoi ne dénonce-t-il pas la fuite de Des Grieux ? Pourquoi n'y a-t-il aucune enquête sur la mort du domestique ? aucune recherche du meurtrier ? (peur ou charité du Supérieur pour Des Grieux ?).

Quoi qu'il en soit, nous avons là une véritable scène de **mélodrame** avec la fantaisie de l'imagination, la fertilité de l'invention, la précipitation et le rythme accéléré des événements qui se déroulent selon le plan prévu et qui montrent combien les sentiments de reconnaissance de Des Grieux se sont effacés devant la résolution de retrouver Manon et de faire triompher leur amour.

Dialogue avec Tiberge : la dialectique de Des Grieux

Le but de Des Grieux est d'obtenir de Tiberge qu'il accepte de transmettre la lettre qu'il a préparée : or, leur dernière entrevue s'est terminée sur une quasi-rupture. Des Grieux doit donc jouer serré pour ne pas réveiller les soupçons de Tiberge, sans pour autant renier rien de son amour pour Manon ni de sa persévérance à la retrouver. Il affirme d'emblée la constance de son sentiment : « Vous me revoyez tel que vous me laissâtes il y a quatre mois. » Pour Tiberge, Des Grieux est de ceux qui « s'enivraient du faux bonheur du vice ». Après un échange d'arguments sur les peines et les inquiétudes du bonheur profane et du bonheur céleste, et devant l'effroi de Tiberge, Des Grieux développe sa **casuistique*** :

— l'amour promet des satisfactions et des joies ;

— la religion veut une pratique triste et mortifiante ;

— c'est une mauvaise méthode, pour dégoûter de l'amour, que d'en décrier les douceurs et de promettre le bonheur dans l'exercice de la vertu ;

— notre nature fait « que notre félicité consiste dans le plaisir » et « le cœur n'a pas besoin de consulter longtemps pour sentir que, de tous les plaisirs, les plus doux sont ceux de l'amour » ;

— le prédicateur doit donc dire de la vertu « qu'elle est indispensablement nécessaire », mais « ne pas déguiser qu'elle est sévère et pénible ».

Toute la construction est d'une grande rigueur, articulée précisément :

j'avoue,
j'ai eu dessein d'expliquer
je crois avoir prouvé
je soutiens encore
répondrez-vous
répondrez-vous encore
je vous dirai
j'ajouterai
mais CONFESSEZ...

Des Grieux fait les demandes et les réponses (qu'il connaît bien) : comme il connaît bien sa rhétorique... et son ami Tiberge. Il est, d'autre part, très attentif aux réactions de Tiberge pour mesurer l'effet de son argumentation : « Ne vous alarmez pas, ajoutai-je, en voyant son zèle prêt à se chagriner. »

Tiberge est-il abusé par cette casuistique rigoureuse ? Sans doute pas, mais il veut bien penser, avec indulgence, que Des Grieux est quelque peu sous l'influence janséniste et il ne lui refuse pas sa pitié. **Des Grieux a atteint son but** : il a regagné l'amitié de Tiberge et, sans scrupule, il va se servir de lui pour mener à bien son évasion. Il s'enfonce de plus en plus dans la compromission et, cette fois, il s'est même justifié !

Remarquons que Tiberge n'a rien dit durant tout le discours de Des Grieux : on le devine attentif aux arguments de son ami et prêt à leur trouver un signe encourageant pour son salut. Son étonnement final — pourquoi Des Grieux « n'entre-t-il pas » dans ses principes ? — montre assez que rien ne lui a échappé dans le discours, mais que celui-ci ne l'a pas vraiment convaincu : l'étiquette de « janséniste » n'est qu'un moyen élégant... et affectueux pour clore la discussion et satisfaire la demande d'aide de Des Grieux.

XI. ÉVASION DE MANON
(p. 124 à 133)

RESUME

À peine à l'abri dans la chambre où Lescaut l'a enfermé par prudence, Des Grieux se préoccupe des moyens de délivrer Manon. Éliminant toute idée de violence et de force, il décide de se renseigner sur l'Hôpital général, où il se rend, en compagnie de Lescaut, dès la nuit tombée.

Interrogeant un portier bienveillant et bavard auprès de qui il se fait passer pour un étranger curieux de la réputation de l'Hôpital, il recueille maints détails. Puis, la conversation tombe sur les administrateurs ! Des Grieux demande leurs noms, leurs qualités, et il réalise, tout à coup, que certains devaient avoir des enfants. Le portier en connaît un, fils de M. de T., en âge d'être marié, qui est venu plusieurs fois avec son père. Des Grieux est persuadé que ce peut être un allié car « il ne saurait être ennemi des femmes, ni ridicule au point de refuser ses services pour une affaire d'amour ».

Dès le lendemain, il se fait conduire chez M. de T., surpris de sa visite ! Des Grieux se présente, parle de sa passion, de Manon. Elle n'est pas inconnue : M. de T. a entendu parler de la maîtresse du vieux G.M. (on comprendra plus tard pourquoi) !

Des Grieux inspire confiance à M. de T., lui fait compliment de sa « générosité » (!). M. de T. promet une aide, modeste mais sincère : il fera voir Manon à Des Grieux.

L'après-midi, Des Grieux et M. de T. se retrouvent pour aller à l'Hôpital ensemble. On les conduit (concierges complaisants) à la chambre de Manon (valet également complaisant). Retrouvailles passionnées, effusions émues devant T. attendri et... envieux !

Échanges de souvenirs. Puis, la prudence de T. raccourcit l'entrevue, pour en faciliter d'autres... Le valet, heureux d'avoir reçu un louis d'or, offre ses services à Des Grieux ; si celui-ci veut bien le prendre au sien, il pourra faire sortir Manon facilement... en lui ouvrant tout simplement les portes. Malgré les conseils de prudence prodigués par T., Des Grieux ne résiste pas à un espoir si proche de libérer sa maîtresse et il promet à T. qu'il quittera Paris pour déjouer les recherches éventuelles.

Le lendemain, T. a mis deux vestes l'une sur l'autre. Des Grieux a apporté du linge pour Manon et a enfilé, lui-même, un surtout par-dessus son justaucorps. On déguise Manon en homme mais on s'aperçoit qu'on a oublié une culotte. Des Grieux donne la sienne et s'enveloppe tant bien que mal dans son surtout. M. de T. et Des Grieux sortent à la fin de la visite.

À la nuit, ils attendent près de la porte que Manon paraisse avec son conducteur... On fuit dans le carrosse qui attend : Des Grieux et Manon se laissent aller aux effusions... Mais le cocher a repéré le déguisement de Manon et deviné qu'il s'agissait d'un enlèvement : il exprime ses craintes d'être accusé de complicité. Pour l'amadouer, Des Grieux lui promet un louis d'or... qu'il n'a pas.

À l'arrivée chez Lescaut, Des Grieux lui explique sa promesse et lui demande un louis pour le cocher. Lescaut refuse et menace de coups de bâton le pauvre cocher qui s'enfuit en jurant de se venger.

COMMENTAIRE

Aventure et vérité

Suite du passage précédent dans le style du récit d'aventures. La fantaisie fertile de l'imagination continue de courir jusqu'à l'**invraisemblance** : quelle idée passe dans la tête de Des Grieux quand, tout à coup, il s'intéresse aux administrateurs de l'Hôpital... et suppose qu'ils doivent avoir des fils... et qu'il y a là une piste possible pour réaliser son dessein ?

De même le choix de M. de T. et la visite qu'il lui rend se présentent vraiment comme une **provocation du hasard**, ou plutôt un calcul hasardeux, à tel point que, s'il réussit, c'est parce que, à cet endroit, il faut bien débloquer la situation et la relancer. Mais ces invraisemblances n'arrêtent pas le lecteur accaparé par l'intérêt du déroulement de l'action.

Contradictions de Des Grieux

Essentiellement préoccupé de retrouver Manon, Des Grieux échafaude cette invraisemblable visite à M. de T. qu'il ne connaît nullement : il lui faut envisager ses chances de réussir. Dans l'énumération des raisons qui le rendent optimiste, « l'espérance d'avoir part à ses [Manon] faveurs » est un élément nouveau de sa psychologie : lui qui, jusqu'à présent, s'était montré extrêmement jaloux, envisage la séduction de M. de T. par Manon ! C'est un comble !

XII. MORT DE LESCAUT NOUVEAUX ESPOIRS POUR LE COUPLE

(p. 133 à 141)

RESUME

Pour éviter d'être repérés chez Lescaut si le cocher les dénonçait, Des Grieux et Manon s'en vont. Lescaut les accompagne. Au bout de quelques minutes, un homme qui rôdait dans la rue reconnaît Lescaut et le tue d'un coup de pistolet avant de disparaître. Des Grieux et Manon s'enfuient dans une petite rue où ils trouvent un fiacre. Où aller ? Des Grieux pense à l'auberge de Chaillot.

Les deux amants y sont bien accueillis ; on les reconnaît et le déguisement de Manon n'étonne pas : « On est accoutumé à Paris et aux environs à voir prendre aux femmes toutes sortes de formes. » Manon redit son amour à Des Grieux qui ne doute pas de sa sincérité, mais qui n'oublie pas que Manon ne peut supporter « pauvreté et besoin » et que, dans cette situation, elle « *ne se reconnaît pas* ». Toujours par le même procédé d'anticipation du récit, Des Grieux annonce qu'il en aura bientôt une nouvelle preuve, lançant, dès maintenant, la deuxième partie du roman.

Le lendemain, Des Grieux se rend à Paris : à pied parce qu'il n'a pas d'argent et aussi pour avoir le temps de réfléchir à l'avenir. Très méthodiquement, il énumère trois besoins immédiats : se procurer de l'argent, organiser l'avenir, assurer la sécurité de Manon et la sienne. Le premier lui apparaît le plus urgent.

M. de T. lui a offert sa bourse : mais c'est « lâche et indigne d'aller exposer sa misère à un étranger ». Reste Tiberge : il recommencera sa morale (« reproches », « exhortations », « menaces »). Une fois encore, les scrupules et les hésitations de Des Grieux tombent devant l'évidence qu'il s'agit de Manon.

Visite à Tiberge : celui-ci offre les cent pistoles rendues jadis par Des Grieux. Il ignore la fuite de Manon. Mais il s'est rendu à Saint-Lazare pour voir Des Grieux : il a appris les circonstances de son évasion. Le Supérieur, par générosité, et malgré son trouble, n'a pas révélé au Lieutenant de Police toute la vérité et a caché la mort du portier.

Tiberge souhaite que ce secours du Ciel permette à Des Grieux de remettre de l'ordre dans ses affaires. Il lui conseille de reprendre contact avec son père : ce qui lui laisse entrevoir la possibilité d'obtenir quelque argent et de retourner à l'Académie* sans quitter Manon. Des Grieux suit le conseil et entre sans tarder dans un bureau d'écriture*.

Visite à M. de T. : Des Grieux se rend ensuite chez M. de T. et lui explique ses craintes à la suite de l'affaire de l'Hôpital et de la mort de Lescaut. T. s'est rendu à l'Hôpital comme si de rien n'était : on ne soupçonne personne, persuadé que l'on est que Manon s'est enfuie avec le valet. Puis, chez Lescaut, il a appris qu'il s'agissait d'une querelle de jeu et que le meurtrier était un de ses amis que Lescaut avait berné et qui avait juré de se venger.

Tout à fait rassuré, Des Grieux dévoile le refuge de Chaillot et T. s'invite à souper. On passe chez le marchand de vêtements et T. règle les factures. L'euphorie est revenue pour les deux amants, ou du moins la tranquillité.

Transition. Entracte. À ce moment, le chevalier reprend haleine et, à la demande de l'Homme de qualité, remet à plus tard la suite de son récit.

Un dernier paragraphe de transition et une interruption purement formelle : le temps du souper.

COMMENTAIRE

Le hasard de l'intrigue

La fin de la première partie suit la précipitation des événements : les aventures se bousculent et une évasion de prison ne se fait pas sans éclats !

Dans ce dernier épisode, on s'achemine, malgré tout, vers plus de **calme** et de **réflexion** : c'est le répit après le tumulte ! Les choses se stabilisent et les visites successives de Des Grieux à Tiberge d'abord, à M. de T. ensuite, lui apprennent qu'il n'a rien à craindre des conséquences des événements récents qui auraient pu mettre en cause sa sécurité et celle de Manon. Nous sommes dans un moment où tout s'arrange, comme par **hasard**, par contraste avec d'autres où les catastrophes s'accumulent, toujours par hasard, aussi.

Le hasard joue ici un **rôle prépondérant** : la mort de Lescaut, qui arrive si à propos, est due au hasard de la discussion avec le cocher (Des Grieux promet un louis que Lescaut refuse !) ; que le Supérieur ait caché la mort du portier au Lieutenant de Police et qu'il ne lui ait pas dit toute la vérité sur le départ de Des Grieux n'est-il pas miraculeux ? Enfin T. a appris, comme par hasard encore, que tout le monde était persuadé, à l'Hôpital, que Manon avait fui avec le valet.

Il n'y a donc **pas vraiment une intrigue suivie** du début à la fin du roman, mais plutôt des événements qui se succèdent, le plus souvent au gré du destin qui semble veiller, même si, parfois, Des Grieux a conscience des répercussions de tel ou tel fait sur la suite et qu'il l'annonce : « Vous verrez que ce n'est pas sans raison que je me suis étendu sur cette scène ridicule. »

Lucidité de Des Grieux

Dans cette période de retour au calme, il semble que l'esprit de **Des Grieux ait mûri** et que ses réflexions soient moins impulsives et plus raisonnables : d'une part, il veut satisfaire Manon en lui procurant ce dont elle a besoin, d'autre part, il pense à l'avenir : « j'entrai dans une mer de raisonnements et de réflexions », « après m'être épuisé en projets et en combinaisons ».

Même pressé par le besoin et bien qu'il puisse compter sur la générosité de T., Des Grieux éprouve de véritables scrupules (« une âme lâche », « une bassesse », « l'indignité », « cette honte »). Sans doute faut-il voir dans cette attitude de Des Grieux une certaine **lucidité**, même si elle est de courte durée puisque, dès qu'il met en balance avec ses scrupules « la vie et l'entretien de Manon, son amour, sa fidélité », il retrouve sa résolution aveugle : « Je ne fus pas longtemps à me déterminer. »

LIVRE SECOND

I. À CHAILLOT : BONHEUR PUIS PREMIERS TROUBLES

(p. 145 à 150)

RESUME

Dans l'auberge de Chaillot où les deux amants s'installent à nouveau, c'est d'abord l'euphorie. La sécurité (Chaillot n'est pas Paris), la présence de M. de T. dont l'amitié ne se dément pas, tout concourt à faire du souper qui les réunit le symbole de la tranquillité retrouvée après la cascade des épreuves et des émotions récentes. On vit une plage de paix et de calme : Des Grieux a conscience de son bonheur et l'exprime avec une sorte de sagesse : il a retrouvé Manon, quelque argent (les cent pistoles de Tiberge) et il se contente du présent. Mais il recommence à jouer et à espérer l'héritage de son père : les bonnes résolutions n'ont guère duré. Il faut bien assurer les dépenses quotidiennes et évincer les soucis !

(C'est à cet endroit que, dans l'édition de 1735, est ajouté l'épisode du prince italien, en général reporté en appendice dans les éditions postérieures, et que nous étudierons à la fin.)

Le destin, pourtant, n'a pas lâché prise : pendant le repas, un carrosse s'arrête à l'hôtel. C'est le jeune G.M., fils du responsable de l'emprisonnement de Manon et de Des Grieux. La première réaction de celui-ci est de l'attaquer : mais il se trouve que c'est un ami de M. de T. qui en vante l'honnêteté et l'amabilité, qui le dit incapable de s'être associé aux turpitudes de son père et qui souhaite le présenter à ses amis.

Il vient alors partager le souper, manifeste beaucoup de sympathie, regrette les excès de son père et en éprouve de la honte. Puis Des Grieux s'aperçoit qu'il est sensible aux charmes de Manon (« j'avais trop d'expérience en amour pour ne pas discerner ce qui venait de cette source »). La conversation se poursuit une partie de la nuit et, avant de partir avec T., G.M. s'invite pour une prochaine visite.

Des Grieux se défend d'être jaloux ; il est même heureux que Manon inspire tant d'admirations alors qu'il se sait aimé, lui. M. de T. revient quelques jours plus tard : G.M. lui a avoué qu'il aimait Manon et, très renseigné sur son goût des plaisirs et du luxe, qu'il était prêt à se l'attacher en la comblant de richesses. Embarras de T. qui se sent d'autant plus coupable vis-à-vis de Des Grieux que celui-ci avait exprimé ses craintes au moment de la présentation de G.M. lors du souper. Pourtant il affirme G.M. incapable d'une bassesse et serait le premier à l'en punir s'il en commettait une. Pour plus de sûreté, Des Grieux envisage de trouver un autre logement : mais la visite de G.M. est imminente. Des Grieux décide donc de tenir Manon au courant des avances que ne manquera pas de lui faire G.M. Après quelque réflexion, Manon décide de feindre d'accepter, pour « se venger du père sur la fortune du fils ». Des Grieux est inquiet car le risque est gros : il a déjà conduit à la prison. Manon est trop heureuse du bon tour qu'elle imagine et Des Grieux, comme d'habitude, finit par accepter.

COMMENTAIRE

Enchaînement des événements
Progression du récit

L'interruption du récit à la fin du Livre premier ne constitue qu'une coupure « technique », pas une réelle interruption, et n'est visible ni dans le rythme ni dans le ton. Le chevalier poursuit sa narration qui est à la fois un soulagement pour lui (besoin de se raconter) et un hommage de reconnaissance à son protecteur retrouvé.

La succession des événements se fait de la même façon dans les deux parties du roman. Chronologiquement, ils sont rapportés dans l'ordre où ils se produisent et suivent une **progression rectiligne**. Les péripéties, commandées par le hasard, font basculer le bonheur dans le risque, puis dans le malheur (c'est le cas dans ce passage). Après un moment de désarroi, une solution est trouvée qui permet de sortir du marasme, mais seulement en apparence car, par une sorte de **pro-**

gression circulaire, on s'enfonce de plus en plus dans un danger qui s'aggrave et s'accentue. La conjugaison de ces deux mouvements aboutit à une **spirale** qui précipite le drame vers son dénouement, jusqu'au point de non-retour.

La plage de bonheur reste toujours brève : elle ne présente pas d'intérêt dramatique. Au contraire, les aventures occupent la plage du malheur et montrent l'importance de la fatalité qui les guide et les impose.

Le rythme du récit, ici, est entraîné par l'arrivée et le comportement de G.M. ; il est ponctué par trois mouvements :

— tranquillité du bonheur retrouvé pour Des Grieux et Manon,

— arrivée de G.M. et menaces qu'elle fait peser sur le couple dès son apparition,

— séduction de G.M. (charmes de Manon).

La fatalité

Les aventures qui enclenchent le drame naissent toujours fortuitement : elles s'imposent du dehors, comme une manifestation du destin : comment expliquer autrement, ici, l'arrivée de G.M. justement à l'hôtellerie où Des Grieux et Manon viennent de se réfugier ? Autre hasard, la connaissance et l'amitié de G.M. et de T., sans compter le risque que va constituer la présence de G.M. dans les relations de T. avec Des Grieux (T. qui était jusqu'alors un soutien efficace dont Des Grieux avait bien besoin). Il y a toujours un événement inattendu qui s'ajoute au précédent, interdisant aux intéressés de prendre une mesure pour effacer ou minimiser la catastrophe qui se prépare : ici, par exemple, Des Grieux et Manon auraient pu dissimuler leur présence au jeune G.M. quand ils ont appris son arrivée inopinée. Mais les relations de G.M. avec T. orientent autrement leur intervention et l'engrenage est mis en mouvement !

La fatalité est le seul ressort de l'avancement de l'action. Si elle est souvent un élément d'invraisemblance, le roman ne s'en préoccupe pas : il vise à démontrer le mal où conduit la passion. Dans ces conditions, **les événements ne sont que prétextes**. Ils n'en perdent pas pour autant l'excitation qu'ils exercent sur la curiosité et l'imagination du lecteur.

L'artificiel des aventures, visible à l'étude, ne choque pas à la simple lecture : d'ailleurs, l'aventure romanesque s'accommode fort bien de l'**invraisemblable** qui paraît alors l'**extraordinaire**.

Portrait de G.M., jeune homme de la Régence

Jeune homme désœuvré, riche (grâce à la fortune de son père), uniquement préoccupé de meubler d'éternels loisirs et toujours en quête de bonnes fortunes. Toujours à l'affût d'une créature affriolante, il s'oppose totalement à Des Grieux.

Ce dernier semble tout à fait inadapté à son époque dont il est, au fond, la victime : entièrement fasciné par sa passion, il ne vit que pour posséder, dans la paix et la retraite, celle qui lui apporte toute sa félicité. Or, il doit sans relâche mener le combat contre toutes les tentations que le siècle offre à Manon.

G.M. attiré, lui, par les charmes de Manon, songe tout de suite aux moyens de la conquérir : ils n'ont qu'un très lointain rapport avec la passion. Ce sont exclusivement l'**argent**, les **bijoux**, capables de flatter le goût de la belle pour l'« **abondance et le luxe** ».

C'est que la conception de l'amour s'est grandement modifiée avec la Régence et les mœurs nouvelles qu'elle apporte. On recherche maintenant le **plaisir sensuel**. Le sentiment exprimé jadis par l'amour courtois (Tristan), puis par l'amour héroïque (Rodrigue), enfin par l'amour précieux (Guirlande de Julie) tombe en désuétude, du moins en disgrâce : on considère que « le grand amour tue le plaisir ». **L'amour se définit désormais par le désir, l'instinct.** L'homme n'est plus considéré comme un être raffiné, conduit par son esprit et son affectivité : on n'hésite plus à le considérer comme un animal, guère différent de tous les autres qui jalonnent la hiérarchie de la nature. La bienséance qui s'imposait, avec la réserve, la pudeur, la distinction, sans oublier l'élégance de l'expression dans le domaine des sentiments, paraît maintenant relever de l'artificiel.

Le désir devient primordial, désir inspiré par la femme dont l'homme attend une certaine « provocation ». D'où :

— l'importance de la toilette : Manon passe beaucoup de temps à acheter des vêtements, à les ajuster, à s'en parer (« nous fûmes occupés pendant quelques jours du soin de faire ajuster ses habits... ») ;

— la pudeur même devient une provocation naturelle ;

— être galant se traduit par savoir profiter d'une occasion pour engager une affaire amoureuse.

Rien d'étonnant, dans ce climat, que deux êtres faits pour se rejoindre, G.M. riche et entreprenant, Manon volage et gourmande, se reconnaissent aux dépens de Des Grieux, naïf et sincère, qui ne parvient à pénétrer dans le monde qui l'entoure qu'avec tant de difficultés et si peu de succès. L'environnement et les mœurs du temps s'ajoutent ici à la passion exclusive et fatale.

II. LE PARI DE MANON
(p. 150 à 154)

RESUME

G.M. ne tarde pas : il paraît le jour même pour dîner. L'atmosphère est à la suspicion, du moins à la prudence, puisque chacun est au courant de ce qui va se passer : mais comme personne ne le manifeste (« un air de confiance et d'amitié »), Des Grieux, dans son récit, peut parler de « la trahison dans le cœur » pour chaque participant.

Des Grieux facilite les apartés entre G.M. et Manon en s'esquivant quelque temps. Chacun affiche le contentement comme s'il attendait la victoire ou parait au risque !

Au départ de G.M. et de M. de T., Manon rapporte à Des Grieux les propositions de T. : « Elle serait la maîtresse de son cœur et de sa bourse » (quarante mille livres de rente en attendant le renfort de l'héritage paternel, un carrosse, des laquais...).

Des Grieux, incertain au fond de la fidélité de sa maîtresse, lui demande sa réaction.

Manon a choisi et, protestant de son amour et de sa fidélité à Des Grieux, considère que « les promesses qu'il m'a faites sont un aiguillon de vengeance plutôt qu'un trait d'amour ».

Le pari de Manon prend forme mais elle attend, en accord avec Des Grieux, une lettre dans laquelle G.M. doit préciser ses propositions. Un laquais l'apporte le lendemain : les offres sont généreuses et l'hôtel sera prêt dans deux jours pour recevoir Manon... si elle réussit à quitter Des Grieux.

Des Grieux essaie de dissuader Manon d'accepter de poursuivre : il y a trop de risques. Dernière lueur de sagesse, du moins de lucidité ! Mais Manon répond qu'elle se rendra à Paris le surlendemain. Les deux amants décident ensuite que Des Grieux cherchera un nouveau logis, éloigné de Chaillot, et préparera l'installation. De son côté Manon, après avoir reçu les présents de G.M., lui demandera d'aller à la Comédie. Des Grieux l'attendra dans un fiacre et Manon, sous un prétexte quelconque, quittera la Comédie avec ses richesses et rejoindra Des Grieux. La fuite dans la nouvelle résidence assurera leur sécurité : c'est du moins ce qu'ils ont échafaudé, contents d'eux malgré l'extravagance du projet et son parallélisme avec la farce jouée au père qui a remporté le succès que l'on sait !...

Des Grieux, que la méfiance a gagné depuis les événements récents, exprime sa douleur quand il voit partir Manon avec Marcel, le valet qu'elle emmène (celui-là même qui l'a aidée à sortir de l'Hôpital). Manon proteste une fois de plus de son amour et se plaint de la méfiance de Des Grieux. Elle part. Des Grieux s'en va à son tour et patiente dans un café du pont Saint-Michel jusqu'à la fin de l'après-midi.

À six heures, il ne voit pas Marcel qui devait l'attendre. Pris de nouvelles inquiétudes, il entre au théâtre où il ne trouve personne. Force lui est de retourner à son fiacre.

COMMENTAIRE

Importance de Manon

C'est un des rares épisodes où Manon a une part active à l'action : c'est elle qui décide d'accepter l'offre de G.M. et de l'utiliser pour se venger de son père. Habituellement, lorsqu'une catastrophe s'abat sur le couple, Manon reste passive et c'est Des Grieux qui s'efforce de prendre les mesures, d'inventer les stratagèmes, pour sortir de l'impasse. Ici, c'est elle qui décide de duper G.M., qui met au point la ruse et établit, avec Des Grieux, le scénario qui doit les venger du vieux G.M.

Elle montre son goût pour la farce, le calcul, le jeu. Réagissant en enfant à l'occasion qui se présente de tromper G.M., elle construit son stratagème avec un malin plaisir de précision et d'enchaînement des opérations, mais sans avoir conscience qu'elle joue avec le feu : à aucun moment il ne lui vient à l'esprit qu'un élément peut échouer et compromettre la réussite de l'ensemble dans une combinaison particulièrement hasardée. C'est une fille superficielle, uniquement préoccupée de plaisirs et de diverstissements, parfaitement incapable de sérieux, même dans une circonstance grave. Son oisiveté et son goût de la facilité l'ont sans doute trop habituée à se laisser aller à la fantaisie du moment ! Peut-être aussi ne refuse-t-elle pas l'occasion d'une nouvelle aventure, même si elle proteste, au départ, de son amour indéfectible pour Des Grieux, comme elle le fait chaque fois qu'elle le trahit ?

Trop habituée déjà aux liaisons de passage, elle ne leur donne aucune vraie valeur sentimentale et n'imagine jamais sérieusement la souffrance qu'elle inflige ainsi à Des Grieux.

Ici même, son stratagème est uniquement destiné à la vengeance et à la récupération d'une certaine fortune, mais elle n'a aucune conscience de sa signification pour Des Grieux ni des conséquences dont elle lui fait courir le risque.

Épouvant un besoin naturel de s'amuser, de rire, autant que de séduire, **elle incarne le « mystère féminin »** auquel Des Grieux ne comprend rien, mais qui le **subjugue** autant qu'il étonnait l'abbé Prévost. Son amour pour Des Grieux ne lui fait pas perdre, non plus, son goût de la coquetterie et, si elle essaie de temps à autre, avec difficulté, de le concilier avec son amour, elle n'y réussit que rarement.

Disponible à tout ce que le hasard de la vie lui propose, elle est toujours prête à suivre la fantaisie qui l'attire : elle n'a jamais la force de choisir, et surtout pas de refuser. C'est son insouciance qui la rend vulnérable et fragile.

Ce portrait la situe loin de Des Grieux et l'on peut se demander si, dans des circonstances comme celle de ce passage, il n'y a pas chez lui un étonnement qui lui révèle enfin combien l'éblouissement de la rencontre a pu l'abuser au fond de son âme. On a l'impression que Des Grieux **aime Manon comme il a aimé Dieu dans son enfance**, avec la même foi et le même ravissement et on se demande s'il n'a pas **transposé**, dans son amour pour Manon, **le sentiment religieux** qui l'habitait avant de la connaître.

III. LA PROSTITUÉE
(p. 154 à 158)

RESUME

Allant au-devant de Des Grieux, le cocher le prévient qu'une « jolie demoiselle » l'attend depuis une heure dans le carrosse. Des Grieux pense que c'est Manon ; mais il ne s'agit que d'une étrangère qui s'informe de son identité parce qu'elle a une lettre à remettre au chevalier Des Grieux. La lettre est de Manon. Il apprend ainsi le « magnifique accueil » qu'elle a reçu de G.M., mais aussi son refus de la conduire à la Comédie. Il découvre aussi que la jolie messagère a pour mission de le consoler de l'absence de Manon !... qu'il ne reverra que dans quelques jours.

Des Grieux réagit avec douleur et colère. Il essaie d'oublier « éternellement » Manon et de trouver une consolation, ou plutôt une vengeance, auprès de la fille. En vain. La beauté de Manon l'obsède, mais sa perfidie l'éloigne à jamais d'elle et de toutes les femmes qu'il réunit dans un même reproche de lâcheté et de mauvaise foi.

Comme chaque fois qu'il souffre, Des Grieux acquiert un peu de lucidité : il constate qu'il est victime de sa passion et, subitement, alors qu'il doit donner une réponse à la fille pour G.M. et Manon, il se sent calme et profère, à l'endroit des deux traîtres, des imprécations qui se terminent par la menace de les poignarder.

Mais l'émotion et la colère sont trop fortes : « L'accès de rage que je venais de sentir se changea en une profonde douleur. » Des Grieux essaie alors de croire aux consolations qu'il demande à la fille. Un instant, toujours naïf, il est attendri par sa jeunesse, sa solitude... et sa pudeur (elle « paraissait en avoir plus que ses pareilles ») ! Mais il la repousse aussitôt, la chargeant de tous les péchés des femmes et de leur sexe.

Avant de la laisser partir, il obtient le récit détaillé de sa mission, la renvoie à G.M. en exprimant le dépit et la souffrance qu'il éprouve profondément. Il réussira à les surmonter et, se livrant à quelques réflexions, essaiera de reprendre espoir.

Le récit, à nouveau, s'engage dans une phase de lutte vers le bonheur par le « chemin de l'espérance ».

COMMENTAIRE

STYLE ET PORTRAIT : DES GRIEUX AU MOMENT LE PLUS NOIR DE SES AVENTURES

Introduction

Victime du sort, une fois de plus, Des Grieux ressent, davantage encore, la trahison de Manon et sa désinvolture insultante. Il est troublé et déstabilisé par le cynisme de Manon. Le **style,** précisément le vocabulaire et la construction de phrases, traduit ses réactions et, au-delà, son caractère, dans des circonstances particulièrement graves pour lui.

Au naturel inconscient de Manon et à la tranquillité détachée du ton de sa lettre (elle « remettait à un autre jour le plaisir de me voir »), Des Grieux oppose son interprétation et exprime l'effet qu'elle produit sur lui.

Le portrait d'après le style

La réaction spontanée de Des Grieux est à la mesure de sa surprise. La phrase impersonnelle « il y avait » laisse tout le relief aux mots précis, brefs : « colère et douleur » répondent à « si cruel » et « si insultant »; il n'y a aucune hésitation dans la réaction qui entraîne la décision immédiate (« un effort pour oublier **éternellement** »). L'adverbe ponctue, par sa longueur, sa place dans la phrase, ses sonorités martelées, l'importance et la netteté de la décision. Les deux adjectifs « **ingrate** et **parjure** maîtresse » venant, en fin de phrase, par leur sens et leur symétrie avec les deux autres couples de mots (« cruel/insultant » et « colère/douleur ») renforcer les griefs qui justifient la décision.

C'est dans le style que paraît également l'idée de vengeance exprimée dans les deux phrases suivantes. Outre que la présence de la fille invite Des Grieux à oublier Manon, il voudrait être « parjure et infidèle » (même couple de mots précis et forts) pour répondre à Manon par une attitude semblable à la sienne.

« **Mais** » articule bien, entre les deux parties de la phrase, les deux évocations de la fille et de Manon : appréciation globale, donc superficielle dans la première (la fille « était extrêmement jolie ») ; évocation de Manon dans la deuxième : elle a droit, elle, aux souvenirs précis dans la mémoire des Des Grieux, de tous les charmes de son corps (yeux, port, teint,...) inégalables, naturels.

L'adjectif « **perfide** » termine la phrase, comme un écho aux « parjure » et « indidèle » précédents et relance la colère de Des Grieux qui va crescendo (« l'ingrate », « son crime ») jusqu'à la volonté de rompre (« je l'abandonne sans retour ») et à la généralisation de sa haine (« je renonce en même temps à toutes les femmes »). Le point culminant de la colère et de la diatribe est atteint ici et la véhémence est à son paroxysme.

Des Grieux se sent libéré, du moins détaché (« proche de ma guérison ») par des affirmations aussi catégoriques et exclusives de son emportement et parce qu'il se croit uniquement occupé par l'idée de sa vengeance.

C'était compter sans la persistance profonde de l'amour en son âme et sans la **lueur de lucidité** qui lui révèle que son amour lui-même l'a trahi.

Au moment de donner à la fille une réponse pour G.M., il retrouve sa colère (« perfide maîtresse ») et sa douleur (« le désespoir ») pour les exprimer en une décision matérielle, concrète : « Je les poignarderai tous deux de ma propre main. »

Les signes physiques, extérieurs, de l'abattement traduisent l'épuisement (« pleurer », « gémissements », « soupirs », « envie de se donner la mort à soi-même ») ; la rage fait place à la douleur. C'est maintenant la chute : l'exaltation a été trop forte et a trop duré.

Caractère de Des Grieux

En dehors de la mission précise dont elle est chargée (remettre la lettre de Manon), la fille n'intervient pas durant toute la scène, elle reste muette : Des Grieux, seul avec sa colère et son chagrin, monologue. Preuve encore de la prédominance du personnage.

Sa **passion** souffre au plus profond de lui-même, souffrance accentuée par la surprise et la conscience d'être trompé.

Sa **colère**, pour justifiée qu'elle soit, se traduit plus par des emportements qu'elle ne lui ouvre les yeux : toujours la fatalité de la passion.

Il semble même que Des Grieux, entraîné à la fin à l'**optimisme** par la sincérité de son amour et l'admiration qu'il en a, ne puisse longtemps supporter tant d'**émotion** et de **malheur**. Une fois la colère apaisée, lorsque le temps de la réflexion revient, c'est pour retrouver l'**espérance** : « J'avais dû prévoir » (forme ancienne du conditionnel) ; il faut chercher le **remède**.

Des Grieux ne cesse non plus d'être **naïf** : il n'imagine pas les calculs des autres (cruauté de G.M. et Manon à son égard). Il a besoin de rassurer ses craintes. Quand il s'adresse à la fille pour trouver de la consolation, il est **attendri** (« la pauvre enfant ») et lui découvre sincèrement une honnêteté semblable à la sienne et même des qualités (elle « paraissait avoir plus de pudeur que ses pareilles »). Enfin, lorsqu'il la renvoie définitivement auprès de G.M., il est **pitoyable** dans le malheur qu'il éprouve en comparant les moyens de séduction (efficaces) de G.M. (hôtels, équipages...) avec sa « misère » à lui : seulement « amour et constance ».

Le mouvement de la scène

Il se déploie selon une **courbe ascendante :**

— montée de la colère qui, après un effort pour oublier, se nourrit elle-même (répétition de mots forts : « ingrate, parjure,... ») ;

— puis des réactions et réflexions successives dues à la présence de la fille, au commentaire de la lettre, à l'amertume que provoque l'attitude de Manon, qui aboutissent au

— paroxysme de la colère et des mots qui l'expriment ;

— après cet énervement épuisant, cet excès d'exaltation, c'est la retombée : allusion à des situations semblables et recherche d'un remède ;

— enfin le renvoi de la fille : Des Grieux a conscience d'une lutte inégale et vouée à l'échec entre le pouvoir des richesses de G.M., le goût du luxe de Manon et la sincérité de son amour à lui ;

— il est **pitoyable parce que victime de la sincérité** et de l'honnêteté de sa passion en présence de rivaux qui l'écrasent de leurs richesses et de leur désinvolture.

Conclusion

Analyse psychologique précise, vraie, émouvante. Des Grieux reste bien le personnage essentiel, **entièrement gouverné par sa passion,** incapable de comprendre les autres et, surtout, d'imaginer leurs calculs devant lesquels il est toujours pris au dépourvu et désarmé.

Mais sa passion ne peut accepter ni l'échec ni l'abandon et elle le conduit, même au moment des crises de désespoir les plus profondes, à un regain d'optimisme qui le fait espérer malgré tout et repartir à la conquête de son bonheur.

IV. LE STRATAGÈME DE DES GRIEUX POUR RETROUVER MANON

(*p. 158 à 168*)

RESUME

Il ne saurait être question pour Des Grieux d'essayer d'arracher Manon à G.M. par la force. D'ailleurs, le bien le plus précieux à reconquérir pour lui, c'est le cœur de sa maîtresse : il est persuadé qu'il la connaît suffisamment pour être sûr de son pouvoir.

Il songe à M. de T. qui lui a témoigné tant d'amitié sincère, se rend chez lui et lui propose le plan suivant : T. fera appeler G.M. sous le prétexte d'une affaire urgente pour permettre, pendant ce temps, à Des Grieux de rendre visite à Manon. T. trouvera l'alibi, par exemple qu'il a besoin d'argent par suite d'une perte au jeu. Pendant le temps qu'il faudra à G.M. pour aller en chercher à son coffre, Des Grieux pourra entretenir Manon et trouver un moyen de la faire revenir vers lui.

T. accepte et les deux compères mettent au point le détail de l'opération...

Des Grieux surveille le porteur du message qui doit prévenir G.M. Dès la sortie de celui-ci, il se précipite dans la maison de Manon. Accueilli par Marcel, le domestique, il le met dans la confidence et se fait conduire chez sa maîtresse.

Un long entretien entre Des Grieux et Manon restitue à peu près d'autres entretiens semblables (grande scène de reproches, puis d'attendrissement) :

— calme de Manon : seulement « quelques marques légères de surprise » ; baisers d'accueil les plus habituels ; étonnée de la hardiesse de Des Grieux : « aujourd'hui », « un tel lieu » ;
— froideur de Des Grieux : il repousse ses caresses (« je la repoussai avec dédain ») ; il s'éloigne d'elle, toujours partagé entre le bonheur de retrouver Manon et les reproches qu'il veut lui faire ;
— Manon, alors, souffre de la situation (Des Grieux s'est tu) et elle tremble de crainte ;
— amollissement de Des Grieux : son cœur parle plus fort que sa plainte ; il cède à son amour ; il ne peut continuer à « affliger » Manon ;
— pourtant il énumère ses reproches : il ne peut supporter tant d'affronts répétés (troisième fois), son cœur « succombe » ;
— Manon pleure ;
— Des Grieux reprend ses plaintes et ses griefs : « inconstante, ingrate, sans foi, volage, cruelle, infidèle » ;
— puis il redevient l'amant soumis et passionné ;
— protestations réciproques de tendresse, mais qui n'ôtent pas du cœur de Des Grieux la jalousie invincible de l'amant inquiet : « Allez-vous signer ma mort en passant la nuit avec mon rival ? »

Manon reste d'abord sans voix. Mais l'aveu de la jalousie de Des Grieux lui inspire une réponse facile : elle est prête à suivre son chevalier « au bout du monde » mais elle croyait que les raisons de son tourment venaient de la lettre et de l'envoi d'une autre maîtresse. Elle n'avait pas trouvé un autre moyen pour communiquer avec lui puisque G.M. ne la laissait pas sortir.

Manon ajoute que le billet de M. de T. a beaucoup embarrassé G.M. et qu'il a hésité avant de se rendre à l'invitation.

Des Grieux n'est pas convaincu par les explications de Manon : son infidélité reste évidente parce que non expliquée réellement. Mais il se reproche d'avoir lui-même renseigné Manon sur les sentiments de G.M. et d'avoir accepté qu'elle courût l'aventure d'un début de liaison. Une fois de plus, il se convainc aisément de la sincérité de Manon, malgré l'obsédante question : « Et la nuit, avec qui l'auriez-vous passée ? » Réponses évasives de Manon qui amènent Des Grieux (il craint le retour de G.M.) à lui demander de le suivre et d'abandonner l'aventure dangereusement commencée.

Manon accepte mais tient à emporter quelques-uns des cadeaux que G.M. lui a faits.

COMMENTAIRE

Importance et intérêt du dialogue (*p. 160 à 163*)

La scène est inattendue : une visite du chevalier chez l'amant de sa maîtresse en l'absence (provoquée !) de celui-ci !

Cela peut expliquer l'importance du dialogue, double en réalité : d'abord un **dialogue « muet »**, ou plutôt de gestes, qui préfigure celui qui va suivre :

— apparition de Des Grieux dans la chambre de Manon : légères marques de surprise de celle-ci, baisers « comme d'habitude » ;

— réticences de Des Grieux : « je la repoussai » ;

— Manon « déconcertée » ;

— Des Grieux veut marquer son « dépit » dans son regard ;

— Manon « tremble » : inquiétudes, craintes ;

— Des Grieux abandonne sa réserve : il parle.

Chaque fois que Des Grieux retrouve Manon après une « trahison » (c'est la troisième), son attitude est la même : peu sûr de lui, il évite d'abord de parler et se contente de faire comprendre à sa maîtresse sa désapprobation ; puis, devant son incompréhension (?) et son émotion, il abandonne sa sévérité et redevient l'esclave de sa passion (« je ne pus soutenir ce spectacle ») : ce qui est une sorte de transition avant qu'il ne développe ses griefs.

On retrouve, **dans les paroles**, le même dialogue que dans les gestes : Des Grieux s'exprime, Manon ne répond que par des attitudes ou des mimiques.

— Des Grieux reproche à Manon sa nouvelle trahison : sa douleur est immense (« cœur percé ») ; il lui est impossible d'accepter : que veut Manon ?

— Manon : à genoux, larmes, mais pas un mot ;

— Des Grieux : les larmes de Manon ne sont pas sincères (encore une trahison !) ;
— Manon lui baise les mains ;
— Des Grieux accumule et répète les reproches : « inconstante, ingrate, sans foi, volage, cruelle, infidèle » ; puis il pleure et change de voix ;
— Manon, enfin, répond : elle accepte la culpabilité dont on la charge mais sans en prendre la responsabilité (restriction mentale) : « **Il faut bien** que je sois coupable si j'ai cru l'être... » Elle **veut** être d'accord avec Des Grieux mais l'est sans conviction ;
— colère de Des Grieux devant cette dérobade d'où l'**adieu** dans une nouvelle poussée de colère (« lâche créature ») ;
— Manon, épouvantée, « tremble » ;
— Renversement complet de l'attitude de Des Grieux, incapable de résister au charme de Manon. Il lui demande pardon, l'embrasse et tient un tout autre discours...

Mais que décide Manon ? Pour Des Grieux c'est la mort si elle « passe la nuit avec son rival ».

Sans doute, Des Grieux est-il, là encore, le personnage essentiel par l'initiative qu'il a de la visite, du dialogue, de sa volonté affirmée d'en finir avec les trahisons de Manon qui le conduisent toujours à la même impasse. Mais l'importance de Manon n'est pas moindre :
— d'abord par son **mutisme** : elle voit venir ;
— puis par sa « **réflexion** » pendant qu'elle laisse Des Grieux s'exprimer ;
— enfin par l'**alibi**, déguisé en **stratagème**, qui lui permet de reprendre l'avantage quand elle sent que Des Grieux a faibli et qu'il est toujours esclave de sa passion.

Sincérité de Manon

Les **hésitations** qui l'empêchent de répondre tout de suite à Des Grieux et à ses accusations, ses **silences** (« elle fut quelque temps à penser »), sa **panique** quand elle sent que Des Grieux est au bord de la rupture (« Adieu ») et sa réplique quand elle le craint posent **la question de sa sincérité** : est-elle naturelle ? instinctive ? ou calculatrice ? Peut-on lui faire confiance (avec Des Grieux) quand elle prétend, *a posteriori*, que ses seuls torts sont d'avoir écrit la lettre et envoyé la fille à Des Grieux et que son esprit d'à propos (gruger G.M.) n'est pas reconnu ni apprécié par Des Grieux ? Enfin, la longue conversation avec G.M. à propos de Des Grieux et de ses intentions ne peut qu'être suspecte à l'amant de cœur puisqu'elle fait fi de la passion de celui-ci. Il faut tout l'aveuglement de Des Grieux pour passer outre, malgré les quelques craintes qu'il exprime comme pour en être mieux guéri : sa confiance est revenue pour la seule Manon !

Pour le lecteur, Manon paraît certes inconsciente, mais aussi avoir une autre conception de l'amour, plus conforme à sa nature et à ses habitudes. Même Des Grieux paraît comprendre que Manon semble **faire effort** pour lui plaire et accepter de le suivre !

Manon penche toujours du côté de la facilité et de l'aisance : toujours séduite par le luxe et les richesses. Elle fait en réalité deux parts dans sa vie sentimentale : la fidélité du cœur (« la fidélité que je souhaite de vous est celle du cœur ») et le reste (argent, amusements, etc.). Elle se conduit véritablement en **fille.**

Valeur de la scène

Elle nous fait pénétrer **la psychologie des deux personnages**. Son intérêt est de nous montrer **la différence profonde entre leurs valeurs morales et sentimentales**. Le caractère exclusif de la passion de Des Grieux ne trouve pas un écho exactement similaire chez Manon. Il n'en reste pas moins qu'elle a besoin de l'amour de son chevalier et, si elle le reçoit avec autant de liberté parfois, c'est peut-être parce qu'elle est assurée de le posséder.

V. LA RUSE DE M. de T. LA VENGEANCE SELON MANON

(*p. 168 à 178*)

RESUME

On frappe à la porte. Ce devrait être G.M. et Des Grieux est déjà prêt à le tuer, mais ce n'est que Marcel qui apporte un billet de M. de T. Celui-ci, pendant que G.M. est parti chercher l'argent emprunté, a eu une idée : que Des Grieux remplace G.M. auprès de Manon pour déguster le souper et passer la nuit. Il suffit que Des Grieux trouve trois ou quatre hommes pour garder G.M ! Les deux amants accueillent plaisamment cette gaminerie. Manon, elle, la prend au sérieux et propose de l'exécuter. Elle insiste même quand Des Grieux la considère comme un plaisant « badinage ». Malgré les difficultés prévisibles, il faut « tenter » et Manon se réjouit déjà de la bonne farce jouée à G.M. : « Vous aurez son couvert à souper, vous coucherez dans ses draps, et demain de grand matin, vous enlèverez sa maîtresse et son argent », répète-t-elle.

Plus méfiant, Des Grieux pressent une « catastrophe » : il cède pourtant, encore une fois. Il trouve un garde qui lui promet, avec trois comparses, d'arrêter G.M. Des Grieux les poste au coin d'une rue que G.M. ne manquera pas d'emprunter pour regagner la maison de Manon et, caché, il surveille. Quand G.M. paraît, on l'arrête et Des Grieux s'esquive sans être vu.

Il regagne la maison et prévient les domestiques que G.M. ne rentrera pas souper. Puis il passe à table avec Manon : charmante soirée pour les deux amants jusqu'au moment d'aller au lit. Mais « le glaive était suspendu sur nos têtes », dit Des Grieux. Au moment d'être arrêté, G.M. était accompagné d'un laquais qui, effrayé par ce qui arrivait à son maître, s'est précipité chez le vieux G.M. pour lui raconter la scène. Celui-ci essaie de savoir et de deviner les raisons de l'arrestation de son fils. Il soupçonne une « querelle d'amour » car le laquais lui a dit les relations de son fils avec Manon. Il prévient alors le Lieutenant de Police et part à la recherche de son fils. Il arrive au moment où Des Grieux se met au lit. Les archers qui l'accompagnent empêchent Des Grieux de se saisir de son épée et, comme « un homme sans chemise est sans résistance », Des Grieux est obligé de se rendre. Le vieux G.M. le reconnaît ainsi que Manon. Il craint pour la vie de son fils et veut le voir. Des Grieux répond insolemment et avec brutalité qu'il est prêt à le faire étrangler si le vieux G.M. continue de l'irriter. Le vieux G.M. se moque galamment de Manon puis s'en va pendant que Des Grieux et Manon s'habillent sous la surveillance des archers restés dans la chambre.

À son retour, le vieux G.M., qui a réussi à faire parler Marcel, effrayé, et qui est au courant du projet des amants puisqu'il devait y participer, accable les deux jeune gens : il a retrouvé les bijoux donnés à Manon et sa colère est grande.

Des Grieux sent la cause perdue et essaie d'attendrir le vieux G.M., surtout quand il apprend que celui-ci va le faire conduire au Châtelet avec Manon. Il promet de lui dire où est son fils et prononce des excuses pour sa conduite, insistant sur le malheur qui a été le sien quand on a voulu lui enlever sa maîtresse.

Mais G.M. reste intraitable et les deux amants partent pour le Châtelet. Des Grieux essaie de consoler Manon et de la rassurer, malgré ses inquiétudes pour elle qui a déjà été enfermée à l'Hôpital général et, par conséquent, remarquée par les services de police. Des Grieux pense faire agir sa famille pour la sauver. En attendant, grâce au pourboire donné au concierge, ils obtiennent chacun une chambre.

Des Grieux écrit à son père. Celui-ci, qui a reçu la première lettre, arrive dès le lendemain. Il rend visite à Tiberge qui évoque les bonnes résolutions prises récemment par Des Grieux mais qui n'en a pas de récentes nouvelles.

Conversation aussi de Des Grieux avec le Lieutenant de Police qui témoigne une certaine indulgence mais ce qu'il sait de Manon ne lui est pas favorable.

COMMENTAIRE

Roman d'aventures

Tout le passage rapporte un ensemble touffu d'événements successifs qui se précipitent, imprévus, inattendus et qui engagent de plus en plus le roman vers sa fin tragique et inévitable.

Les erreurs de jugement, les imprudences et les provocations maladroites du couple s'ajoutent les unes aux autres et finissent par rétrécir leur marge de manœuvre jusqu'à les perdre définitivement.

1. La **farce** imaginée par M. de T. est l'idée subite d'une plaisanterie comme il en naît dans les esprits enfantins désœuvrés. Il y a un certain **infantilisme** dans l'esprit de ces jeunes gens de la bonne société qui ne cherchent qu'à occuper d'éternels loisirs. Pour être saugrenue (T. et le jeune G.M. sont amis, appartiennent au même monde, partagent les mêmes loisirs, sont donc liés par une certaine solidarité de classe et de vie), cette aventure n'en est pas moins facilement réalisable : ce qui donne envie de la tenter. Où l'imagination est indigente, c'est quand elle ne prévoit pas la grandeur du risque couru, alors que les circonstances sont déjà passablement dangereuses !

2. Des deux intéressés c'est Manon qui est la plus entreprenante, qui a le plus le **goût du risque** (« tenter ») : son adhésion est immédiate et révèle l'**instabilité** de son caractère : peu de temps auparavant, elle lisait paisiblement en attendant le retour de G.M. et ne semblait guère préoccupée par le souci de Des Grieux, celui-ci présent, tout est changé. Inconstance féminine ? En tout cas, grande fantaisie et esprit bien fantasque !

3. Si Des Grieux cède, ce n'est pas sans réserves : il pressent une catastrophe.

C'est cette **conjugaison de réactions différentes**, parfois opposées, même si elles finissent par se rejoindre, qui crée le climat de l'aventure.

4. Aventure aussi dans l'attente de la réaction du vieux G.M. : à la fois agressif, violent, vindicatif, mais capable de s'attendrir : « Les pauvres enfants ! ils sont bien aimables... » Vers quel côté va-t-il pencher ? Les deux possibilités de dénouement, tragique ou favorable, sont suspendues à sa bonne volonté et à sa décision : c'est aussi un élément de suspense.

VI. AU CHÂTELET
(*p. 179 à 190*)

RESUME

Le père de Des Grieux vient le voir au Châtelet : il lui reproche vigoureusement sa conduite, son libertinage, ses friponneries. Il souffre dans ses sentiments de père et dans tout

ce qu'il a fait pour que son fils soit un honnête homme. Des Grieux reconnaît le bien-fondé de ses reproches et plaide l'indulgence : il est seulement victime de sa « fatale passion » mais n'a pas à rougir d'avoir jamais déshonoré son nom. Le père pardonne et cherche le moyen de faire sortir son fils du Châtelet.

Il va trouver le vieux G.M. et tous deux se rendent chez le Lieutenant de Police. Ils lui demandent deux grâces : l'élargissement de Des Grieux et le départ de Manon pour l'Amérique... Tous les deux viennent annoncer à Des Grieux qu'il est libre. Lui, n'ose pas leur parler de sa maîtresse, non plus qu'aux guichetiers. Cela eût été inutile car l'ordre était déjà donné de conduire Manon à l'Hôpital général pour y rejoindre un groupe de filles condamnées à la même peine qu'elle.

Dès qu'il peut quitter son père, Des Grieux se rend au Châtelet, le soir même : le concierge lui apprend le sort réservé à Manon. Des Grieux s'évanouit et pense mourir. Ce n'est que par miracle, à son réveil, qu'il comprend que Manon a encore besoin de lui et qu'il trouve le courage de la « secourir et de la venger ». Sa première réaction est d'attaquer les deux G.M.... et le Lieutenant de Police, tellement sa colère est grande. Mais la réflexion lui révèle l'inutilité de cette pseudo-vengeance.

Il doit être plus raisonnable et surtout plus efficace. D'abord, il lui faut trouver de l'argent pour n'importe quelle entreprise. Il appelle Tiberge, le met en confiance en lui racontant ses retrouvailles avec son père, puis sollicite quelque secours pour payer ses dettes. Il se garde bien de parler de Manon. Tiberge lui offre sa bourse.

Il se rend ensuite chez M. de T., espérant apprendre de lui des nouvelles de Manon et comment faire pour la libérer. M. de T. n'a pu se faire admettre à l'Hôpital à cause de la rigueur des ordres du Lieutenant de Police et la troupe des prostituées doit partir le surlendemain pour Le Havre de Grâce.

Le seul conseil que donne T. à Des Grieux, en lui demandant le plus grand secret, est de recruter quelques hommes de main qui attaqueraient le convoi sur la route. Il lui offre aussi cent pistoles mais ne peut participer lui-même à l'opération, eu égard à sa réputation.

M. de T. confirme à Des Grieux qu'il n'y a plus rien à attendre d'une intervention auprès du Lieutenant de Police (il s'agirait d'une grâce exceptionnelle pour laquelle il faudrait un motif important : seuls G.M. et le père de Des Grieux devraient la demander en retirant leur plainte, ce qui est peu probable).

Des Grieux va tenter, malgré tout, de fléchir son père : il le fait venir au jardin du Luxembourg car il a quitté son logis quand il a appris le départ de Manon pour l'Hôpital et ne veut pas se remettre sous sa coupe. Après un préambule, long d'hésitations, de circonlocutions et rempli d'éloges à l'adresse de son père dans l'intention de se le rendre favorable, Des Grieux demande la grâce de Manon. Refus catégorique du père : échange d'aménités avec son fils. Aucun argument ne peut le fléchir. La rupture est, cette fois, plus tragique encore et paraît définitive :

« Adieu, fils ingrat et rebelle » ;

« Adieu, lui dis-je dans mon transport, père barbare et dénaturé. »

De son côté, T. a échoué auprès du jeune G.M. dont il avait sollicité l'intervention pour qu'il fléchisse son père.

Il ne reste à Des Grieux que l'épreuve de force.

COMMENTAIRE

Rapports parents-enfants

L'éducation donnée

Dès son arrivée dans la prison où séjourne son fils, le père s'exprime sur un ton de **gravité**, le fait asseoir pour marquer la **solennité** du moment. Tout de suite, il utilise les mots forts pour stigmatiser la conduite de Des Grieux : « scandale, libertinage, friponneries ». Puis, il manie l'**ironie** : « un mérite tel que le vôtre », « vous allez à la **renommée**, par un chemin infaillible ». Et, poursuivant sa métaphore, il insiste sur le succès final attendu : « la place de Grève » (où l'on exécutait les condamnés) pour être « exposé à l'admiration des foules ». Cet humour noir traduit la douleur du père en même temps que la sévérité de ses reproches, sans doute exagérés, pour faire naître davantage de remords dans l'âme de son fils.

Dans un deuxième mouvement, l'attitude est complètement inversée, le père ne parle que de son malheur à lui : la tendresse de son amour, l'éducation donnée à son fils pour en faire un honnête homme et l'échec, plus grave et plus irrémédiable, parce que définitif, qui aboutit au déshonneur.

Ayant tout dit, le père interprète alors le silence de son fils : « modestie contrefaite », « air de douceur hypocrite », signes d'un honneur qui n'existe pas.

Pour sa défense, Des Grieux reconnaît ses torts mais conteste l'interprétation de son père. Sa modestie (signe de regret et de contrition) est réelle et son respect de fils, sincère. Sa seule excuse est la « fatale passion » qui l'habite et son amour voué à une maîtresse « toute charmante » qui l'envoûte. Il n'y a aucun déshonneur à cela. Des Grieux a seulement besoin de pitié.

« Un cœur de père, chef-d'œuvre de la nature »

C'est la phrase que Des Grieux prononce quand il goûte, à travers les effusions enfin retrouvées, **le pardon de son père** : la pitié est plus forte que la sévérité et, si la pudeur assure la discrétion des sentiments, elle n'en diminue ni la profondeur ni la sincérité.

Des rapports de père à fils difficiles et complexes

Dans cette période de la Régence où les choses, nous l'avons vu, évoluent, le père n'est pas incapable d'adaptation : Des Grieux le présente lui-même comme « un homme d'esprit et de bon goût » ; on l'a vu sensible et indulgent, malgré la répétition des erreurs de son fils et ses efforts pour les lui éviter. Il osera, là, rencontrer le vieux G.M. et le Lieutenant de Police pour plaider la cause de Des Grieux : il infléchira ainsi le mauvais sort déclenché sur son fils par ses fautes répétées.

Cependant, il ne peut accepter l'amour de Des Grieux pour Manon et préférera s'allier au vieux G.M. et abandonner son fils : « Va, cours à ta perte. » Il y a en lui le souvenir des **principes de sa génération**, du moins ceux avec lesquels on ne transige pas : l'autorité du père (comme chez Molière), l'honnêteté de la famille, la distinction entre l'amour légitime et l'amour illégitime, par exemple.

Les mœurs du temps

Lorsque Des Grieux a réussi à reconquérir la confiance et l'affection paternelles, il entreprend, sinon de se justifier, du moins de diminuer sa culpabilité en montrant combien de contemporains — et des personnages ! — n'ont pas une autre conduite que lui. On lui reproche sa maîtresse : « Les deux tiers des habitants de Paris se font un honneur d'en avoir. » Et de citer un duc, M. de F... On lui reproche de jouer : mais combien de princes, de ducs sont eux-mêmes chevaliers d'industrie ? Il connaît des noms célèbres qui illustrent ce tableau. Quant à la libération de l'amour, elle n'est pas encore suffisamment établie pour être débarrassée de toute malédiction en cas d'illégitimité.

En réalité, **deux générations s'opposent** et le choc est d'autant plus violent que l'évolution est rapide et que les mœurs nouvelles dérangent et étonnent certains. Malgré une grande ressemblance entre les tempéraments du père et du fils, le père ne peut changer sa nature pour se mettre à la place de son fils et comprendre sa passion pour Manon. Car c'est elle qui gêne tous ces gens qui, finalement, se mettront d'accord pour l'exclure de leur monde. **C'est une sorte de solidarité de générations et d'intérêts mêlés** : de même que M. de B. avait dénoncé Des Grieux à son père pour le remettre dans le droit chemin, de même les deux pères, ici, s'entendent pour accabler Manon. Au milieu de tout cela, le combat de Des Grieux est perdu d'avance et le passage rapproche singulièrement du dénouement.

VII. DÉPART POUR L'AMÉRIQUE
(*p. 190 à 199*)

RESUME

Des Grieux trouve le garde du corps qui a arrêté G.M. : il accepte de lui rendre service et s'offre à recruter trois autres soldats. Il demande des armes, des chevaux et des habits (ils ne peuvent s'engager dans une affaire pareille en uniforme !).

Des Grieux les passe en revue et distribue les tâches : l'un surveillera le départ de l'Hôpital. Dès que le convoi prend le chemin de Normandie (l'embarquement doit se faire au Havre), les soldats gagnent la porte Saint-Honoré par des rues différentes pour éviter d'être repérés.

Le convoi paraît (les deux voitures rencontrées à Pacy accompagnées de six gardes). Malgré son émotion et son découragement, Des Grieux se range à l'avis du garde du corps. On fonce sur le convoi. Les archers se mettent en défense et les soldats, prenant peur, s'enfuient. Le combat est devenu impossible parce qu'inégal. Des Grieux libère son compagnon et s'en va trouver les archers.

Il les rassure sur ses intentions et leur explique ce qu'il souhaite obtenir d'eux : la possibilité de parler à Manon. Le chef répond que les ordres sont stricts et formels de veiller sur leurs captives. Il accepte néanmoins, moyennant pistoles, de laisser Des Grieux entretenir celle des filles qu'il voudra.

Portrait de Manon enchaînée : sale, les yeux clos. Indifférente à tout et comme absente à elle-même, elle finit par lever le regard sur Des Grieux qui chevauche à côté du chariot. À l'occasion d'un arrêt du convoi, elle rend grâce à Des Grieux de sa fidélité et exprime son bonheur de le voir une dernière fois. Il ne l'abandonnera jamais et il est prêt à la suivre au bout du monde. Scène d'effusions qui se prolonge dans les confidences et les aveux renouvelés.

Des Grieux imagine l'installation en Amérique avec Manon : l'essentiel n'est-il pas de vivre avec elle loin des hommes cruels comme G.M. ou son père, loin des vices de la ville ? Il pense aussi à demander secours à Tiberge à qui il écrit à la première occasion.

Mais les gardes s'étant aperçus de la violente passion de Des Grieux, alors qu'ils avaient pris sa démarche pour une fantaisie éphémère, augmentent leurs exigences. Quand le convoi arrive à Pacy, Des Grieux n'a plus d'argent. C'est grâce au secours de l'Homme de qualité qu'il parviendra jusqu'au Havre en accompagnant Manon.

Arrivé au port, Des Grieux s'inquiète, à la poste, de la réponse de Tiberge : il lui faut attendre au moins deux jours. Or, il apprend que le vaisseau doit partir le matin de ce deuxième jour. Une fois encore le mauvais sort le plonge dans un désespoir profond. Manon lui propose de mourir avec lui, au Havre. Il préfère être malheureux avec elle et s'efforce de la rassurer. Il vend son cheval, achète « quelques soulagements nécessaires à Manon » et réussit à s'embarquer, sans difficulté car on a besoin de jeunes hommes.

Des Grieux obtient la confiance du capitaine à qui il a raconté ses malheurs, lui dit qu'il est marié à Manon et obtient aussi sa protection qui lui permet d'entourer Manon de ses soins.

Redevenu optimiste, il se prend à penser qu'il pourra peut-être remercier « la Fortune d'avoir donné un tour favorable à [ses] malheurs ».

COMMENTAIRE

Les déportations

Depuis que Cavelier de La Salle avait fondé la Louisiane en 1682, la colonie manquait de bras. On avait confié l'exploitation à un financier et on envoyait, par chaque bateau qui s'y rendait, un certain nombre de couples de très jeunes gens pour peupler la colonie.

Cela ne satisfait pas les colons qui réclament des épouses blanches pour remplacer les indiennes dont ils doivent se contenter.

Quand Law installe son système en 1717, il instaure en même temps la colonisation forcée : jusqu'alors on se contentait d'envoyer des volontaires mais ceux-ci étaient rares et en nombre insuffisant.

Jusqu'en 1720 (faillite de Law), le système fonctionne ainsi, plus ou moins bien.

D'autre part, des protestations se font entendre à propos de la brutalité des archers chargés de la surveillance des convois et surtout des conditions matérielles dans lesquelles se font les transports : manque de vêtements, manque de nourriture...

On a beau présenter, dans certains journaux, la colonie comme un paradis de beautés et de richesses, l'attrait de l'aventure n'attire pas !

La déportation prend fin avec le départ de Law en 1720 et n'a donc duré que quelques années.

VIII. À LA COLONIE : LA NOUVELLE-ORLÉANS
(*p. 199 à 208*)

RESUME

Après deux mois de navigation, c'est l'arrivée à La Nouvelle-Orléans. *Description du paysage* : « campagnes stériles et inhabitées », « rien d'agréable à la vue ». Les *habitants* : ils accourent avec curiosité, posent de nombreuses questions sur le pays où ils sont nés. Ils témoignent de leur joie et de leur affection à ces voyageurs qui « arrivent de leurs lointaines provinces ». La *ville* : « cachée par une petite colline », elle ne ressemble pas à ce qu'on attendait. Il y a peu d'habitants (« cinq ou six cents personnes ») et seulement quelques cabanes. Aucune opulence, aucun luxe. Seule la maison du gouverneur a quelque allure.

Présentation au gouverneur : on procède d'abord à la répartition des filles entre les jeunes gens qui attendent : le gouverneur attribue les plus jolies, les autres sont tirées au sort.

Le capitaine a renseigné le gouverneur sur la situation de Des Grieux et de Manon : il les a présentés comme des gens de qualité et mariés. L'accueil du gouverneur est sympathique : il leur donne un logement dans la ville et les invite à souper. Le logement est misérable, comme toutes les cabanes du lieu, et Manon est effrayée. Mais Des Grieux la console : sa seule présence est pour lui le plus grand bonheur.

Sous le coup de tant d'émotions, Manon se confie et se confesse : elle rend grâce à l'indulgence que Des Grieux a toujours témoignée à ses faiblesses ; elle énumère ses défauts (« légère, volage, ingrate »). Mais elle se sent « changée » : ses larmes, depuis le départ du Havre, n'expriment pas sa douleur, mais son amour pour Des Grieux (« tendresse et compassion pour vous »). Des Grieux est enfin « assuré du cœur de Manon ». Il bénit leur séjour à La Nouvelle-Orléans : c'est ici « qu'il faut venir, disais-je souvent à Manon, quand on veut goûter les vraies douceurs de l'amour ».

Les relations favorables avec le gouverneur permettent aux deux amants une existence convenable qui va s'améliorant. Des Grieux est pourvu d'un petit emploi, chacun d'eux a un domestique, ils sont « considérés ». La vie quotidienne, réglée et tranquille, les conduit vers des préoccupations spirituelles : « piété et religion ». Ils ont mûri et l'expérience acquise les fait réfléchir : l'« amour vertueux » leur apparaît d'une plus grande qualité. Des Grieux propose de le sceller dans un mariage officiel. Manon pense comme lui mais n'osait le lui dire !

Des Grieux se rend chez le gouverneur pour lui demander l'autorisation de ce mariage. Il le rencontre, avec son neveu Synnelet qui avait remarqué la beauté de Manon et qui « se consumait en secret pour elle ». Le gouverneur accède à la demande de Des Grieux ; mais une heure plus tard, l'aumônier vient annoncer à Des Grieux qu'il ne pourra épouser Manon car le gouverneur la donne à son neveu. Désespoir de Des Grieux et de Manon : le gouverneur est le maître, il n'y a pas de recours possible. Des Grieux retourne quand même chez le gouverneur pour tenter de le fléchir : en vain.

COMMENTAIRE

La vie à la colonie : la séduction de la nature

La description de La Nouvelle-Orléans est rapide. Seuls quelques détails sont notés, comme toujours dans les romans de Prévost qui ne s'intéresse guère aux précisions réalistes et se contente d'évoquer l'atmosphère. Ils font écho aux imaginations, entraînées par le mythe du bon sauvage, qui sont exprimées au chapitre précédent (les sauvages « nous laisseront du moins vivre en paix », « ils suivent les lois de la nature ») et insistent sur le caractère rudimentaire de l'organisation matérielle (« quelques cabanes de planches et de boue »). Il est vrai qu'au moment le plus noir de la traversée, l'espoir de Des Grieux ne pouvait résider qu'**en une sorte de libération de sa vie** et de disparition de ses soucis habituels : l'Amérique apparaissait alors comme le **monde ouvert** où il sentait « son cœur s'élargir » en en approchant.

Des Grieux a quelque peu enjolivé son rêve mais la colonie lui apparaît quand même comme un lieu de délices parce qu'on y connaît la nature, la simplicité, la sincérité. Même si toute nostalgie, fût-elle inconsciente, des habitudes abandonnées n'est pas tout à fait disparue (« nous passions pour les premiers personnages de la ville après le gouverneur »), nostalgie de la place et du rôle dans la société pour un personnage né comme l'est Des Grieux. Surtout, le nouveau climat de la vie quotidienne a déjà touché Manon.

Le « changement » de Manon

C'est elle-même qui le remarque et éprouve le besoin de l'avouer dans une confession émouvante et tendre.

L'influence du décor et de l'atmosphère est évidente, et surtout le dépaysement. Manon est hors de son élément à La Nouvelle-Orléans. Elle a, enfin, le loisir de penser à autre chose qu'à des futilités, à des plaisirs faciles, à des fantaisies d'enfant gâtée ou de désœuvrée. Sans doute, les épreuves l'ont-elle mûrie : « L'expérience commençait à nous tenir lieu d'âge. » C'est la première fois qu'elle répond à Des Grieux sur le même ton **sérieux** et **tendre** à la fois. Elle est **lucide**, elle aussi, quand elle évoque le passé et qu'elle mesure enfin le « prodigieux attachement » que Des Grieux lui a voué depuis le début de leur liaison. Pour la première fois, peut-être aussi, son affection et son émotion sont vouées entièrement à Des Grieux, sans égoïsme, sans qu'elle songe le moins du monde à elle-même. D'où l'énumération de tous ses torts vis-à-vis de Des Grieux et de tous les reproches qu'elle s'adresse.

Il semble que l'attitude de Des Grieux et sa passion exclusive pour Manon aient enfin touché celle-ci, autrement que dans son propre amour à elle. Il semble que Manon, gagnée par l'esprit religieux de Des Grieux, **soit touchée à son tour par le besoin de la rédemption** et que le couple s'achemine, du même coup, vers la **purification** par ses épreuves finales. N'y a-t-il pas là une savante préparation de Prévost au dénouement et à sa signification profonde ?

La mort de Manon.
(Gravure de J.-J. Pasquier, 1753, BN)

IX. MORT DE MANON
ÉPILOGUE
(*p. 208 à 216*)

RESUME

Au sortir de chez le gouverneur, Des Grieux rencontre Synnelet. Celui-ci, honnête homme et qui a toujours témoigné de la sympathie à Des Grieux, n'esquive pas : il sait que le duel doit départager les deux rivaux qui, s'écartant de la ville, croisent le fer. Des Grieux est blessé au bras mais il laisse Synnelet à terre « sans mouvement ». Malgré le soulagement qu'il éprouve, son inquiétude est grande : il sait que le gouverneur, qui a beaucoup d'affection pour son neveu, ne pardonnera pas sa mort à Des Grieux.

Des Grieux rejoint Manon « à demi morte de frayeur et d'inquiétude ». Il veut fuir et laisser Manon essayer d'être heureuse à la ville. « Malgré sa faiblesse », elle veut l'accompagner. Des Grieux pense à deux refuges : les sauvages ou les Anglais (qui occupent un territoire proche). Sans tarder, les deux amants s'éloignent. Ils marchent deux lieues. Mais Manon est « accablée de lassitude » et ne peut avancer. Ils s'installent pour la nuit. Manon soigne la blessure de Des Grieux. Lui, passe la nuit à la veiller et à la réchauffer.

Au matin, Des Grieux s'aperçoit que Manon, toujours endormie, a les mains « froides et tremblantes ». Elle parle à peine, d'« une voix faible ». Puis elle soupire, ne répond plus aux questions de Des Grieux... « Je la perdis, je reçus d'elle des marques d'amour au moment même où elle expirait... »

Des Grieux reste prostré deux jours devant le corps de Manon, puis, malgré sa faiblesse, due au « jeûne » et à la « douleur », il creuse une tombe avec son épée qu'il a brisée : « J'ensevelis pour toujours dans le sein de la terre tout ce qu'elle avait porté de plus parfait et de plus aimable. »

Synnelet n'est pas mort. On soigne ses blessures qui ne sont que superficielles et il raconte sa querelle avec Des Grieux. On part à la recherche des deux amants et on finit par trouver Des Grieux évanoui sur la tombe de Manon. On le ramène à la ville. Il revient à lui. On lui fait un procès mais, généreux, Synnelet obtient sa grâce.

Épilogue

Des Grieux retrouve petit à petit la paix de son âme : « Le Ciel après m'avoir poursuivi avec tant de rigueur, avait dessein de me rendre utiles mes malheurs et ses châtiments. » Il guérit et décide de se consacrer à nouveau à Dieu. Il continue à travailler en attendant de pouvoir rentrer en France. Il donne une sépulture décente à Manon. Un jour, un vaisseau accoste : Des Grieux reconnaît Tiberge qui en descend. Son ami a réussi, après bien des péripéties, à le rejoindre pour le ramener en France. Des Grieux lui fait hommage de sa conversion et, après plusieurs mois passés à La Nouvelle-Orléans, les deux amis rentrent en France, où ils se trouvent depuis quinze jours. Des Grieux a appris la mort de son père et se trouve à Calais, sur le chemin où il doit retrouver son frère.

COMMENTAIRE

Encore la fatalité

Avec l'amour de Synnelet pour Manon, Des Grieux est encore frappé par le destin, d'autant plus cruellement qu'à La Nouvelle-Orléans rien ne peut plus le secourir : le gouverneur est le maître et son neveu son « protégé ». Aucun stratagème, aucune aide extérieure ne peuvent le soutenir.

Il faut remarquer que, dans le passé, chaque malheur qui s'est abattu sur le couple a pu être combattu par un calcul, un expédient, une ruse. Même dans le vice, le Ciel a épargné Des Grieux en permettant que chaque fois il sorte du mauvais pas où il était. Cette fois, c'est au moment où les deux amants ont abandonné la vie dissolue pour retrouver la vertu, au moment où la population tout entière vante leur générosité, où ils jouissent de la paix qui sera bientôt authentifiée par leur mariage, c'est au moment où l'esprit religieux de Des Grieux a réussi à gagner Manon que la fatalité les frappe avec la plus grande rigueur et surtout, **définitivement**, puisqu'elle provoquera la mort de Manon et le désespoir éternel de Des Grieux.

Le roman se termine comme il a commencé : **sur une manifestation du destin**. Cette sorte de cercle qui se referme témoigne à la fois de la **rigueur de la composition** et du **pessimisme** profond de Prévost, bien traduit d'ailleurs par la réflexion de Des Grieux : « J'ai remarqué, dans toute ma vie, que le Ciel a toujours choisi, pour me frapper de ses plus rudes châtiments, le temps où ma fortune me semblait le mieux établie. »

On pourrait, aussi bien, imaginer un autre déroulement des relations de Des Grieux et de Manon après le coup de foudre d'Amiens : par exemple que la foi de Des Grieux l'ait détourné de l'existence hasardeuse qu'il s'est décidé à suivre. Il faut en déduire que l'« ascendant » (astral) fut plus fort que la grâce et la foi. Dans l'esprit de Prévost, est-ce l'aveu que l'attrait du plaisir est irrésistible dans son entraînement ou veut-il montrer que les épreuves rencontrées par Des Grieux étaient nécessaires pour qu'il parvienne à la purification de son âme ? C'est à l'intérieur de cette double question que se situent le **but moral** que s'est fixé Prévost et la **valeur didactique** qu'il attribue à l'**exemple**.

Victoire de Tiberge

Des Grieux retournant enfin à la religion consacre la victoire de Tiberge qui, à chaque épreuve, avait donné le même conseil, sans réussir, si ce n'est quand Des Grieux avait accepté d'aller à Saint-Sulpice. Son arrivée à La Nouvelle-Orléans atteste de la **constance** dont il ne s'est jamais départi dans le soutien apporté à Des Grieux, mais aussi de l'importance que l'auteur donne au personnage.

D'ailleurs, une des dernières phrases du récit est l'hommage rendu à Tiberge par Des Grieux enfin éclairé : « Je lui déclarai que les semences de vertu qu'il avait autrefois jetées dans mon cœur commençaient à produire des fruits dont il serait satisfait. »

ANNEXE
ÉPISODE DU PRINCE ITALIEN
(*p. 233 à 239*)

L'épisode est inséré au tout début du Livre second, après le premier paragraphe, dans l'édition de 1735.

RESUME

Dans le climat euphorique, exempt de soucis immédiats, Des Grieux remet à plus tard la fréquentation de l'Hôtel de Transylvanie, se contentant de participer à quelques assemblées moins compromettantes : ses gains lui suffisent.

L'après-midi, pendant que Des Grieux rejoint la ville, Manon, qui a noué quelques relations avec des amies, va se promener au bois de Boulogne. On se retrouve le soir, souvent en compagnie de M. de T. qui vient partager le souper.

C'est dans ce climat de paix, de tranquillité heureuse que, comme d'habitude, « quelques nuages vont apparaître ». Le valet de Des Grieux lui révèle un jour qu'un étranger semblait s'intéresser de près à Manon, sans être capable de dire si Manon répondait à ses avances. Cet étranger se trouve au Bois tous les jours et semble chercher à parler à Manon. Le valet a interrogé ses domestiques qui ont présenté leur maître comme un prince italien en quête d'aventure galante. Des Grieux demande au valet de surveiller l'étranger : il n'en éprouve pas moins des doutes et craint de ne pas connaître toute la vérité. Il s'efforce de se rassurer, pensant que Manon n'est pas coupable de susciter des admirateurs !... d'autant plus que le valet a refusé de lui remettre une lettre.

Trois jours plus tard, Des Grieux apprend qu'au cours de sa promenade Manon s'était éloignée quelques instants de ses compagnes, avait rencontré l'étranger et lui avait remis un billet. Le valet est formel et Des Grieux, déjà inquiet, s'étonne des caresses nombreuses que lui prodigue Manon qui lui reproche en même temps de « rentrer si tard ». Elle le réclame auprès d'elle toute la journée pour les jours suivants et ne semble pas s'apercevoir de la tristesse de Des Grieux.

Le lendemain, au réveil, Manon veut coiffer son amant : il ne doit pas avoir l'air négligé, même s'il ne sort pas. Elle le fait avec grand soin et longtemps.

Tout à coup, on annonce la visite du prince de ... Malgré l'énervement de Des Grieux, elle donne l'ordre de le faire monter et demande à Des Grieux un « moment de complaisance ». Continuant de coiffer Des Grieux, elle l'entraîne jusqu'à la porte du cabinet qu'elle pousse du genou et, à l'étranger interloqué, elle présente l'homme qu'elle aime !... son rival puisqu'il a eu la prétention de lui demander son amour à elle. Le prince, vexé, se retire, maudissant les femmes de France autant que celles d'Italie...

Manon éclate de rire et Des Grieux apprécie cette preuve d'amour qu'il n'avait pas prévue. Manon lui explique qu'importunée par les avances et les promesses du prince, elle avait décidé de se jouer de lui et de faire participer Des Grieux à la scène sans l'en prévenir. Des Grieux ne révèle pas ce qu'il savait des promenades au Bois et la scène se termine dans l'« ivresse de l'amour ».

COMMENTAIRE

Justification de l'épisode

Pourquoi cet épisode ajouté après coup, qui s'insère très bien dans le récit mais n'en faisait pas partie à l'origine et qui constitue vraiment une annexe ? À l'évidence, c'est un témoignage de la sincérité de l'amour de Manon pour Des Grieux.

Sous la forme d'une gaminerie, d'un enfantillage (il y en a d'autres dans le roman mais l'issue ici est heureuse), Manon montre qu'au-delà de la sensualité son amour pour Des Grieux est un sentiment réel qui ne craint pas de s'exprimer publiquement. Peut-être que, pour une fois, elle n'éprouvait aucun penchant pour le prince ; Des Grieux lui trouve « une mauvaise mine » et elle-même est choquée par la forme de sa déclaration et par sa prétention : « grimaces », « énumération de ses titres »... Donc elle se plaît à le remettre à sa place. Elle le sacrifie à Des Grieux.

Surtout, la scène présente Manon **sous un jour favorable** :

— son amour pour Des Grieux est sincère, son bonheur est grand de l'avouer au moment où elle se plaint des trop longues absences de son amant ;

— quand tout va bien, elle se satisfait de son amour : ce n'est que dans le besoin ou dans la crainte de manquer qu'elle devient volage et ne sait résister aux tentations ;

— elle sacrifie le prince à Des Grieux en utilisant son pouvoir de séduction et tourne un admirateur en ridicule devant son amant : en songeant à sa mise en scène préalable, on peut penser qu'elle ressentait le besoin d'une manifestation spectaculaire de son honnêteté et de sa sincérité.

L'intérêt est donc d'**atténuer la culpabilité de Manon** dans les autres aventures en révélant qu'elle n'a pas un mauvais fond et que c'est seulement poussée par les circonstances défavorables qu'elle s'engage dans le vice. L'introduction postérieure de l'épisode **justifie le personnage de Manon** qui avait suscité de nombreuses réactions de scandale, elle justifie aussi **le dénouement** où Manon révèle sa sensibilité et son remords.

Synthèse littéraire

STRUCTURE DU ROMAN

Progression

Le récit suit une ligne continue (la seule courte interruption entre les deux livres n'introduit pas de discontinuité car elle ne constitue qu'une pause « technique ») et présente simplement la succession chronologique des événements sous la forme de la relation du héros lui-même.

La progression se fait par l'alternance des aventures (qui naissent des coups de théâtres et des interventions des personnages secondaires) avec les moments de répit (par exemple, la première visite de Des Grieux à M. de T. relance l'action au moment où l'emprisonnement de Manon à l'Hôpital général la bloque).

Les faits extérieurs (vol, incendie...) s'ajoutent aux réactions des personnages (tentatives de séduction de Manon par les vieillards M. de B. et le vieux G.M., intervention de Lescaut...) et font redémarrer l'action parvenue à la stabilité quand l'incident précédent a été résolu. Mais la succession des aventures va dans le sens d'une gravité croissante, jusqu'au point de non-retour que constitue la déportation de Manon.

Le roman est très court (surtout si on le compare aux autres de Prévost) : la brièveté et la concentration de l'action, simple et claire, en font une sorte de tragédie classique :
— l'amour de Des Grieux et de Manon est l'unique sujet (les péripéties diverses étant destinées seulement à l'illustrer et à le développer) ;
— le moteur du drame est le hasard (ou le destin) qui l'a enclenché lors de l'entrevue d'Amiens (coup de foudre) et qui se poursuit tout au long du roman (incendie de la maison, vol des domestiques, ou arrivée du jeune G.M. à l'auberge de Chaillot). Le hasard, le plus souvent

gênant, remet en question un équilibre péniblement atteint dans la situation des deux personnages et il oriente l'action vers la tragédie, de conception racinienne ;

— le dénouement, enfin, parfaitement tragique (mort de Manon, solitude et échec total de Des Grieux) parce qu'il est implacable, prolonge le roman vers la vision d'un paradis longtemps espéré et définitivement perdu, en laissant Des Grieux devant le vide de son avenir et l'abîme qu'il ne pourra combler que par son retour à la religion, sous l'égide de Tiberge.

La progression est jalonnée, d'autre part, par les quatre menaces successives sur l'amour de Des Grieux que sont les quatre tentatives de séduction de Manon : par M. de B., par le vieux G.M., par le jeune G.M., par Synnelet, auxquelles Des Grieux réagit en s'enfonçant de plus en plus dans la dégradation. Parallèlement, Manon devine et comprend de mieux en mieux la qualité et la profondeur de l'amour de Des Grieux même si elle ne le manifeste pas avant l'illumination finale.

Classicisme et picaresque

La sobriété classique du récit tient également à la prédominance de l'analyse psychologique des personnages et à l'absence de réalisme : il n'y a, pour ainsi dire, ni peinture de décors, ni description de costumes, ni détails pittoresques (un des rares que l'on puisse relever est la dimension de la clef qui ouvre la cellule de Manon : encore est-il destiné à faire ressortir la douleur de Des Grieux et l'intensité de sa souffrance quand elle lui fait imaginer le sort de Manon dans sa prison). Devant cette absence de descriptions concrètes, on peut penser à ce qu'aurait fait Balzac traitant un pareil sujet !

Il n'en reste pas moins que le récit inclut fort habilement les aventures multiples qu'il déploie et qui tiennent le lecteur en haleine (à cet égard, il relève du roman d'aventures) en lui faisant même accepter les invraisemblances que le hasard prend en compte et qui, ainsi, ne choquent pas exagérément : le texte se rattache de ce point de vue au genre picaresque*.

Signification

Elle est double : nature et expression de la passion amoureuse d'une part, dessein moral de Prévost de l'autre.

1. La passion

Elle s'empare brusquement de Des Grieux qui en a la révélation au sortir du collège, dès qu'il rencontre Manon. Il n'y est nullement préparé ; il n'a même « jamais pensé à la différence des sexes ». Or le voilà, d'un instant à l'autre, dès que Manon paraît à son regard, « enflammé jusqu'au transport et à la folie ». Il est accaparé, soustrait à lui-même et à tout ce qu'il était, au point d'abandonner sur le champ ses projets immédiats (vacances, retour dans sa famille). Toute volonté est annihilée en lui : il devient le jouet de sa passion au point de n'avoir de cesse que d'obtenir de Manon le même amour et d'en vivre le partage. Il en voit la fatalité (« l'ascendant de ma destinée »), il en est surpris, mais se laisse entraîner sans pouvoir résister. Cette surprise, il la revivra plus tard, au moment des déceptions, mais il ne comprendra pas davantage : « L'amour, dira-t-il, est une passion innocente ; comment s'est-il changé pour moi en une source de misères et de désordres ? » C'est qu'il lui apporte à la fois la plénitude d'un bonheur insoupçonné qu'il s'efforce de prolonger et de protéger, mais aussi la déception et le désarroi qui naissent des attitudes incompréhensibles de Manon : il avait rêvé d'un amour semblable dans l'innocence de sa découverte !

2. Le dessein moral de Prévost

Il est nettement annoncé dans l'« Avis de l'auteur » : « servir à l'instruction des mœurs ». Malgré sa passion exclusive, Des Grieux reste influencé par l'éducation religieuse qu'il a reçue. Il s'y réfère dans les moments de désespoir : « Je jetai les yeux en soupirant, vers Amiens, vers la maison de mon père, vers Saint-Sulpice, et vers tous les lieux où j'avais vécu dans l'innocence », pour regretter la tranquillité spirituelle d'alors ou, au contraire, chercher une excuse à ses fautes présentes et atténuer son remords : « À chaque faute dont je lui faisais l'aveu, j'avais soin de joindre des exemples célèbres pour en diminuer la honte. » Pourtant, il faudra attendre le séjour à La Nouvelle-Orléans et la mort de Manon pour assister au triomphe de la religion.

C'est dans la défaite finale de Des Grieux que Prévost situe l'exemple qu'il veut donner des dangers qui pèsent sur les hommes ; de cet exemple découle le conseil de lutter pour épargner l'honneur menacé par la passion. La réflexion sur la morale suggérée par le roman s'apparente à l'exercice spirituel des jésuites. C'est aussi le sens qu'il faut sans doute donner à la survie de Des Grieux : n'aurait-on pas imaginé que la mort l'ait surpris sur la tombe de Manon ? Si Prévost lui permet de continuer sa vie, c'est pour qu'il puisse se racheter dans la fidélité à Dieu, retrouvé, qui effacera les fautes passées. Le message gagne ainsi en puissance de persuasion.

L'ÉVOLUTION DES PERSONNAGES

Nous suivons la transformation progressive de Des Grieux alors qu'il faut attendre le dénouement pour assister au « changement » de Manon. C'est que chez Des Grieux persiste l'influence de l'éducation familiale, la qualité d'honnête homme. Manon, au contraire, reste incorrigible sous l'emprise du monde dans lequel elle évolue, et ne peut changer que dans un milieu radicalement différent : c'est l'imminence de la catastrophe (son mariage avec Synnelet et la perte définitive de Des Grieux), dans un décor inhabituel (la colonie), qui lui apporte l'illumination.

1. Des Grieux

À la sortie du collège, c'est un enfant innocent, sincère, insouciant. Son « coup de foudre » le mûrit tout à coup et, trop vite, le transforme sans qu'il se reconnaisse. Il va plus vite à agir (enlèvement de Manon, installation à Paris) qu'à prendre conscience de ses actes. Quand il est de retour à la maison familiale, après la dénonciation de M. de B., il amuse encore son père avec ses colères intempestives et convaincues d'adolescent mal dans sa peau. Puis, après Saint-Sulpice, quand les obstacles à son bonheur vont se lever, il s'engage dans les compromissions du jeu, en gardant quand même une certaine réserve qui lui fait refuser les calculs plus déshonorants de Lescaut (propositions de prostitution). Plus tard, il sera obligé de subir le déguisement et le mensonge pour paraître le jeune frère de Manon devant le vieux G.M., toujours pour conserver et l'amour de Manon et sa présence près de lui.

Des Grieux parvient donc à l'âge adulte par la révélation de la passion amoureuse qui lui représente la vie entière comme un rêve semblable à celui qu'il vit à ce moment : c'est pour préserver ce rêve qu'il s'opposera à sa famille, à la société, à Manon elle-même quand elle cherchera à biaiser avec lui. C'est donc la pression des personnages et des événements qui le transformera en homme malhonnête (jeu), en criminel (évasion de Saint-Lazare), en paria (fuite à La Nouvelle-Orléans). Des Grieux est-il coupable ? Sans doute, mais d'une culpabilité atténuée par l'innocence de ses intentions et par la fatalité dont il ne peut s'affranchir : « Mes malheurs sont au comble ; il ne me reste plus que de m'y soumettre... Adieu, je vais aider mon mauvais sort à consommer ma ruine, en y courant moi-même volontairement. » On croirait entendre Oreste.

2. Manon

Elle incarne la fatalité qui entraîne Des Grieux par la passion qu'elle lui inspire à Amiens et qu'elle continuera de lui inspirer quoi qu'il arrive, mais aussi parce que, ayant une grande connaissance de la psychologie des hommes, elle exercera sur lui une emprise totale dont il aura parfois conscience, mais dont il ne pourra s'affranchir : même quand il lui reproche ses trahisons (« trois fois »), il reste son féal.

Malgré les tentatives de Des Grieux pour lui faire abandonner sa propension aux relations douteuses et dangereuses, malgré son amour pour lui, elle ne peut se départir de son goût pour la liberté, la fantaisie, le luxe qui caractérise son état. Des Grieux a eu le tort de se trouver sur son passage au moment où elle avait besoin de liberté : il la lui a proposée et procurée. Elle n'a pas deviné que pour lui c'était un commencement, car il ne s'agissait pour elle que d'un épisode ! Elle vit dans le présent et n'est capable de songer à l'avenir que lorsqu'il ne lui paraît pas assuré : malheur à qui, à ce moment, « tombe dans ses filets ».

Sa légèreté, sa vertu facile ne l'empêchent pas d'éprouver pour Des Grieux un amour sincère (« votre cœur sans lequel il est impossible que je vive ») ; elle éprouve pour lui estime et admiration, s'émeut de sa peine quand elle le fait souffrir, mais sans céder pour autant. Capable d'être à la fois tendre et dévouée, elle n'en reste pas moins égoïste si se présente l'occasion de satisfaire une fantaisie.

Elle ne parviendra à comprendre la force de la passion de son chevalier que lorsqu'elle découvrira son dévouement et son sacrifice, et son dernier adieu traduira sa vénération pour lui : mais il faut, pour qu'elle en arrive à ce « changement », que soient effacés le clinquant et la facilité d'une société dont elle avait conscience d'être un ornement.

Malgré le scandale du livre à ses débuts, Manon s'est assurée la sympathie du public par ses malheurs sans doute, mais aussi par son ingénuité et l'absence de toute méchanceté qui la rend plutôt victime de son tempérament et du destin que d'intentions mauvaises.

LA SOCIÉTÉ, LES MŒURS

C'est à Paris que se passe presque tout le roman, c'est Paris qui est décrit avec sa vie quotidienne et le climat de la Régence. Survivances de l'Ancien Régime et nouveautés se côtoient dans une atmosphère à la fois violente et policée.

Les occupations

On se promène (au bois de Boulogne), on fréquente les cercles de jeu, on va à la Comédie-Française, on se fait voir en carrosse dans les rues de la capitale. On se donne rendez-vous dans les endroits à la mode (Palais-Royal, Luxembourg). On reçoit à souper. Éventuellement on lit...

Les relations

Entre financiers et dames galantes, elles sont régies par une sorte de contrat : en échange des faveurs accordées ou de l'évaluation des charmes, on reçoit un hôtel particulier, des domestiques, une pension... après un premier acompte de quelques centaines de pistoles. Entre jeunes oisifs (Des Grieux et M. de T. ou le jeune G.M.), c'est la communauté des distractions et la solidarité dans les difficultés (emprunt de M. de T. à G.M.) ; le tout avec une spontanéité, une liberté et une apparente confiance un peu étonnantes (M. de T. reçoit la visite de Des Grieux qu'il n'a jamais vu et qui lui demande un service « intime » [l'introduire en fraude auprès de Manon à l'Hôpital], comme s'ils étaient de vieux et solides amis !). Les personnages riches et en vue, nobles et fermiers généraux, ont des privilèges et beaucoup d'influence sinon de pouvoir (le vieux G.M. fait facilement enfermer les deux jeunes gens, rapidement et sans enquête).

L'argent et le jeu

L'argent joue un rôle capital dans la fièvre de l'époque. Law* et ses disciples assurent les moyens de s'en procurer (la spéculation finira d'ailleurs en faillite). Les fils de famille, les militaires inoccupés, les propriétaires de cercles... et les autres se procurent l'argent en jouant. Les tripots sont nombreux où se côtoient personnages importants, truands et membres de la police — malgré les efforts tardifs du pouvoir pour mettre de l'ordre et apporter des restrictions dans le fonctionnement de ces lieux. On joue et on triche : le jeu dégénère tantôt en fraude, parfois importante (c'est ainsi que Des Grieux s'enrichit si rapidement), tantôt en rixes (dont l'une entraînera la mort de Lescaut). Il se crée là des relations dont on trouvera des prolongements dans l'intrigue du roman (Des Grieux recrutera ses hommes de main pour attaquer le convoi sur la route du Havre par l'intermédiaire de connaissances faites au jeu).

La dépravation des mœurs

Elle est la conséquence d'une liberté récente et encore mal exercée : elle illustre l'« affranchissement » de la Régence. Elle est accentuée par les relations troubles entre les personnages en vue et les truands qui fréquentent les mêmes cercles de jeux ou autres lieux plus ou moins clandestins (c'est Lescaut qui introduit Des Grieux à l'Hôtel de Transylvanie). Ce sont souvent ces « auxiliaires » qui procurent aux amateurs les filles qu'ils connaissent et qu'ils « protègent » (Lescaut, encore lui, est tout à fait prêt à rentabiliser les charmes de sa sœur !)

Certains de ces acteurs échouent dans les prisons dont il apparaît qu'elles manquent d'une organisation sérieuse : on y fait visite grâce à un pourboire (c'est le fils d'un administrateur qui le donne au concierge !), on en sort par la menace (celle de Des Grieux au Supérieur) ou par la force (mort du valet) sans que suite soit donnée à ces procédés.

La religion

Elle n'est jamais évoquée très directement ni très longuement. Pourtant elle est présente sous des allusions ponctuelles et dans l'inspiration même du roman. Des Grieux ne se départit vraiment jamais de son éducation, à preuves :

— son étonnement, dès « le coup de foudre », du bouleversement qu'il sent en lui ;

— ses résolutions pour une vie chrétienne retrouvée, lors des méditations qui accompagnent son retour chez son père ;

— son zèle à Saint-Sulpice (l'admiration qu'il suscite) ;

— quand il veut attendrir Tiberge, il sait retrouver la rhétorique pour expliquer son âme.

C'est seulement la présence de Manon et ses charmes qui le font fléchir : mais la préoccupation religieuse n'est jamais effacée complètement.

Les suppositions de jansénisme faites par Tiberge montrent, d'autre part, que les querelles du siècle passé ne sont pas éteintes.

Enfin, Des Grieux sacrifie au goût de l'époque pour l'astrologie dont l'influence se mêle à une certaine idée de la prédestination (« funeste ascendant ») pour expliquer ou admettre la fatalité de la passion.

Le libertinage

Le mot a changé de sens depuis le XVIIe siècle où il désignait, selon Pascal, un certain agnosticisme intellectuel, une certaine liberté d'esprit qui contestait les tabous de la société et surtout de la religion.

Le libertinage est devenu la nouvelle forme de la relation amoureuse mais participe, plus généralement, de l'art de vivre de la Régence. C'est le plaisir de la dissipation après l'austérité de la fin du règne de Louis XIV. La Régence autorise la liberté des mœurs qui fait de Manon une « fille » capable d'aimer sincèrement son chevalier et de connaître ses mérites, sans pour autant renoncer à faire commerce de ses charmes le plus naturellement du monde. Elle distingue d'ailleurs deux parts dans sa vie « sentimentale » : une pour son amant de cœur, Des Grieux, qu'elle va rechercher à Saint-Sulpice quand elle ne peut plus se passer de lui, et l'autre qui la rend incapable de résister à l'occasion d'une aventure plus ou moins suscitée pour pourvoir aux besoins et à la fantaisie du moment.

Le libertinage entraîne la dégradation des situations : Des Grieux devient une sorte de proxénète quand il est obligé d'entrer dans le jeu de Manon en acceptant l'argent de ses protecteurs (M. de B.) ou en jouant la comédie du jeune frère pour amadouer le vieux G.M. Le libertinage est donc un climat trouble, oscillant entre le dévergondage aimable quand les ruses et les stratagèmes amusent et l'inquiétante signification des turpitudes de l'âme humaine (lors des sombres calculs de Manon auprès des deux G.M. pour les berner l'un après l'autre, par exemple).

LA PRÉFIGURATION DU HÉROS ROMANTIQUE

Sans trop « interpréter » les deux personnages, on peut comparer la passion fatale qui fait d'eux des victimes du destin à celle des héros de Chateaubriand et de Hugo : l'amour y est le même sentiment exclusif, dont les affres tourmentent l'âme et lui infligent les souffrances qui s'expriment par les cris désespérés de Des Grieux, ses larmes et, parfois, ses invectives. Son égoïsme fait que son récit parle surtout de lui : il a besoin de cette confession pour exprimer son malheur et y réfléchir. Manon, elle, reste plus réservée dans l'expression d'une passion semblable (elle court à Saint-Sulpice retrouver Des Grieux dès qu'elle le peut) : elle paraît souvent lasse et comme résignée à son sort, comme si elle subissait les hasards de l'existence quand les catastrophes s'abattent sur elle. Jusqu'à la fin elle est, elle aussi, le jouet du destin et c'est le sacrifice final qui la purifiera.

Elle a, au moins une fois, au Havre, l'idée d'en finir avec la vie et Des Grieux songera, lui aussi, au suicide : « Une prompte mort me semblait le seul remède de mes peines. »

Fatalité, destin, sacrifice, emportements : voilà, en germe, le roman romantique.

LE STYLE

Le naturel et la vérité

Ils donnent à la narration sa beauté simple et classique : les personnages s'expriment avec leur caractère et traduisent leurs sentiments dans des phrases nettes, souvent courtes, sans fioritures : « Je lui demandai ce qui l'amenait à Amiens, et si elle y avait quelques personnes de connaissance. Elle me répondit ingénument qu'elle y était envoyée par ses parents pour être religieuse. L'amour me rendait déjà si éclairé depuis un moment qu'il était dans mon cœur, que je regardai ce dessein comme un coup mortel pour mes désirs. »

Des Grieux parle le langage de la passion, tendre pour Manon : « Tu es trop adorable pour une créature. Je me sens le cœur emporté par une délectation victorieuse.» Mais il est susceptible d'une certaine violence quand elle le trompe : « Perfide Manon ! ah ! perfide. » Quand le danger devient pressant, il ne recule pas devant la brutalité des menaces qu'il adresse aux deux G.M. et au Lieutenant de Police. Naturel encore dans la discrétion avec laquelle sont évoqués les événements scabreux : « Cette adresse extraordinaire hâta si fort les progrès de ma fortune... »

L'émotion

La force de l'émotion est traduite par les signes extérieurs : « Je ne fis plus que pleurer en poussant des gémissements et des soupirs. »

L'éloquence

On y retrouve le talent acquis par Des Grieux : ce sont ses plaidoiries successives devant son père, Tiberge, le Supérieur de Saint-Lazare. Dans son discours à Tiberge à sa sortie de Saint-Lazare, il use de toute sa rhétorique savante pour le convaincre : « ... Je ne vois pas trop clairement ce qu'il faut être, mais j'éprouve la vérité de ce qu'ils disent. »

Le rythme de la phrase

Il est souvent régulier et tranquille mais il peut devenir heurté, saccadé pour mettre en relief les exclamations et les imprécations (« noire et cruelle lâcheté », « infidèle et parjure, ingrate »...), ou grandiloquent pour traduire l'élan de la réflexion et du regret : « Quel sort pour une créature si charmante, qui eût occupé le premier trône du monde, si tous les hommes eussent eu mes yeux et mon cœur ! »

Le vocabulaire

Il est toujours précis et contribue à la clarté du style : il n'y a pas de mots rares mais ils sont hors de toute vulgarité, même dans les scènes scabreuses : « Je m'aperçus à mon retour qu'on ne l'avait pas désespéré par un excès de rigueur. »

LA PÉRENNITÉ DE L'ŒUVRE

André Gide incluait *Manon Lescaut* dans sa liste des dix meilleurs romans de la littérature française.

À ce jugement, on peut trouver plusieurs explications :
— la profondeur de l'analyse psychologique, la valeur morale, la dignité et l'agrément du style en font un ouvrage classique,

— l'enivrant et troublant parfum de la Régence excite notre curiosité,
— les aventures variées, inattendues, nous tiennent sans cesse en haleine,
— la vérité en est éternelle comme en témoignent les transpositions à l'opéra et au cinéma.

L'abbé Prévost a donc gagné son pari en écrivant un « quelque chose d'agréable à lire » qui reste sûrement son chef-d'œuvre.

Lexique

Les idées, la société et les formes littéraires sous la Régence

Académie : noviciat profane du jeune homme bien élevé à la veille d'entrer dans le monde : il suivait des cours d'équitation, d'escrime, de danse. Les académies avaient été instituées par un écuyer de la grande écurie d'Henri IV qui avait installé son manège au-dessous de la galerie du Louvre. Nombreuses au début, il en restait deux à la fin du règne de Louis XIV.

Astrologie : croyances d'origine babylonienne. Les astres sont considérés comme d'essence divine et exercent, à ce titre, une influence sur le destin de l'homme. Les astrologues prédisent l'avenir en fonction de la position des astres au moment de la naissance (horoscope).

Bureau d'écriture : sorte d'officine où le public trouvait le nécessaire pour écrire, rédiger un billet, etc.

Casuistique : au sens propre, domaine de la théologie qui traite des « cas » de conscience, et dont les jésuites sont les spécialistes ; par extension, désigne un raisonnement subtil et tendancieux qui permet d'accommoder les préceptes de la morale selon les intérêts de chacun.

Chevalier d'industrie : homme qui vit d'expédients (*industrie* a le sens de « ruse »), dont les revenus sont souvent inavouables.

Être d'Église : Se destiner à la carrière ecclésiastique (en général, le cadet).

Être d'épée : se destiner à la carrière militaire (en général, l'aîné).

Jansénisme : mouvement de renouveau religieux qui triomphe en France entre 1635 et 1662, inspiré par l'évêque d'Ypres, Cornelius Jansen, dit Jansenius (1585-1638). La thèse est que l'homme ne peut être sauvé que par la grâce ; or Dieu ne l'accorde qu'à un petit nombre d'élus, choisis d'avance (prédestination ; voir ce mot). La morale est très rigide : pour sauver son âme il faut fuir le monde.

Jésuites : membres de la Compagnie de Jésus, fondée par Ignace de Loyola et approuvée par le pape Paul III en 1540. Pour eux la « grâce suffisante » reçue au baptême suffit pour sauver son âme. Leur influence politique a été très grande, souvent occulte (beaucoup étaient conseillers ou confesseurs des personnages politiques). Ils pratiquaient la « restriction mentale » pour excuser certaines fautes graves. On leur attribue la formule « la fin justifie les moyens ».

Libertin : au XVIIe siècle : c'est le libre-penseur affranchi de toute autorité (notamment religieuse). Au XVIIIe : c'est le débauché, aux mœurs dissolues.

Ordre de Malte : ordre de chevalerie religieux et militaire, issu des Hospitaliers de Saint-Jean-de-Jérusalem, qui avaient pour vocation de soigner et de protéger les pèlerins se rendant en Palestine. Ils fondèrent un grand nombre d'hôpitaux et d'auberges dans toute l'Europe et jouèrent un grand rôle politique et culturel, surtout dans la lutte contre l'Islam (croisades). Chassés de Jérusalem, ils s'installèrent à Rhodes (1309) ; chassés à nouveau par Soliman le Magnifique, Charles Quint leur donne Malte en 1530. Leur ordre existe toujours.

Picaresque : le *picaro* est un vaurien espagnol, un aventurier, très présent dans les romans de l'Espagne du XVIe siècle. Il fréquente tous les milieux et toutes les classes de la société dont le récit auquel il donne son nom trace des tableaux très pittoresques. Lesage, en France, a subi l'influence du picaresque espagnol et l'a introduit dans ses romans avec un grand succès.

Prédestination : théorie selon laquelle Dieu aurait décidé de toute éternité du destin de l'homme sur la terre : dès sa naissance l'homme serait voué au salut ou à la damnation. Les jansénistes et les calvinistes ont adopté cette théorie.

Scolastique : philosophie en honneur au Moyen Âge qui unit théologie et philosophie pour essayer de résoudre les rapports entre la foi et la raison. Le mot est souvent pris, de nos jours, avec un sens péjoratif, synonyme de verbalisme.

Séduire : au sens étymologique : entraîner hors du droit chemin. Le mot a pris le sens de charmer, de plaire, d'attirer. Mais il signifie aussi « entraîner dans l'erreur par des moyens pas toujours francs », éventuellement « corrompre ».

Quelques noms célèbres

Goethe (Johann Wolfgang von) : écrivain allemand (1749-1832) dont *Les Souffrances du jeune Werther* (1774) font date dans l'histoire de la littérature préromantique.

Law (John) : financier écossais (1671-1720) qui préconisa la création d'une banque d'État, d'un système de crédit et la circulation de papier-monnaie. C'est en France, sous la Régence, qu'il mit ses idées en application. Elles permirent pendant quelque temps de ranimer le crédit public et le commerce, mais l'imprudence des émissions, la fièvre de la spéculation, et les intrigues de ses ennemis finirent par provoquer la banqueroute.

Lesage (Alain-René) : romancier et auteur dramatique français (1668-1747) ; la comédie de *Turcaret ou le Financier* (1709) est une satire audacieuse de la société sous la Régence, et son *Histoire de Gil Blas de Santillane* (1715-1735), tout aussi réaliste et satirique, est le type même du roman picaresque.

Richardson (Samuel) : romancier anglais (1689-1761), dont les œuvres, notamment *Pamela ou la Vertu récompensée* (1740) et *Clarissa Harlowe* (1748), reflètent une conception à la fois sentimentale et pédagogique du roman. Il excerça une influence considérable sur la sensiblité littéraire au XVIIIe et début du XIXe siècles.

Quelques citations

Amour (naissance de l')

« Ainsi j'eus le plaisir, en arrivant à l'auberge, d'entretenir seul la souveraine de mon cœur. Je reconnus bientôt que j'étais moins enfant que je ne le croyais. Mon cœur s'ouvrit à mille sentiments de plaisir dont je n'avais jamais eu l'idée. Une douce chaleur se répandit dans toutes mes veines. J'étais dans une espèce de transport qui m'ôta pour quelque temps la liberté de la voix et qui ne s'exprimait que par mes yeux. Mlle Manon Lescaut (c'est ainsi qu'elle me dit qu'on la nommait) parut fort satisfaite de cet effet de ses charmes. Je crus apercevoir qu'elle n'était pas moins émue que moi. »

(p. 56 : Des Grieux s'adresse à l'Homme de qualité)

Amour (passion fatale)

« Fatale passion ! Hélas ! N'en connaissez-vous pas la force, et se peut-il que votre sang qui est la source du mien, n'ait jamais ressenti les mêmes ardeurs ! L'amour m'a rendu trop tendre, trop passionné, trop fidèle, et peut-être trop complaisant pour les désirs d'une maîtresse toute charmante ; voilà mes crimes ! En voyez-vous là quelqu'un qui vous déshonore ? »

(p. 180 : Des Grieux à son père)

Amour profane et amour divin

« Que les résolutions humaines soient sujettes à changer, c'est ce qui ne m'a jamais causé d'étonnement ; une passion les fait naître, une autre passion peut les détruire ; mais quand je pense à la sainteté de celles qui m'avaient conduit à Saint-Sulpice, et à la joie intérieure que le Ciel m'y faisait goûter en les exécutant, je suis effrayé de la facilité avec laquelle j'ai pu les rompre. S'il est vrai que les secours célestes sont à tous moments d'une force égale à celle des passions, qu'on m'explique donc par quel funeste ascendant l'on se trouve emporté tout d'un coup loin de son devoir, sans se trouver capable de la moindre résistance, et sans ressentir le moindre remords. »

(p. 75 : méditation de Des Grieux)

Amitié

« Rien n'est plus admirable et ne fait plus d'honneur à la vertu, que la confiance avec laquelle on s'adresse aux personnes dont on connaît parfaitement la probité ; on sent qu'il n'y a point de péril à courir. Si elles ne sont pas toujours en état d'offrir du secours, on est sûr qu'on en obtiendra du moins de la bonté et de la compassion. Le cœur qui se ferme avec autant de soin au reste des hommes, s'ouvre naturellement en leur présence comme une fleur s'épanouit à la lumière du soleil, dont elle n'attend qu'une douce et utile influence. »

(p. 88 : Des Grieux prépare sa visite à Tiberge)

Femmes

« Elle s'approcha pourtant pour me faire quelques caresses, mais je l'écartai aussitôt en la repoussant de mes mains. Que veux-tu de moi, lui dis-je ? Ah ! tu es une femme, tu es d'un sexe que je déteste, et que je ne puis plus souffrir. La douceur de ton visage me menace encore de quelque trahison. Va-t'en, et laisse-moi seul ici. »

(p. 157 : Des Grieux s'adresse à la prostituée)

Sensibilité

« Manon parut effrayée à la vue d'une si triste demeure. C'était pour moi qu'elle s'affligeait beaucoup plus que pour elle-même. Elle s'assit, lorsque nous fûmes seuls, et elle se mit à pleurer amèrement. J'entrepris d'abord de la consoler ; mais lorsqu'elle m'eut fait entendre que c'était moi seul qu'elle plaignait et qu'elle ne considérait dans nos malheurs communs que ce que j'avais à souffrir, j'affectai de montrer assez de courage, et même assez de joie pour lui en inspirer. »

(p. 201 : installation à La Nouvelle-Orléans)

Préromantisme

« Tout l'univers n'est-il pas la patrie de deux amants fidèles ? Ne trouvent-ils pas l'un dans l'autre père, mère, parents, amis, richesses et félicité ?... Je me supposais déjà avec elle dans une région inculte et habitée par des sauvages. Je suis bien sûr, disais-je, qu'il ne saurait y en avoir d'aussi cruels que G.M. et mon père. Ils nous laisseront du moins vivre en paix. Si les relations qu'on en fait sont fidèles, ils suivent les lois de la nature... Ils ne troubleront point deux amants qu'ils verront vivre avec autant de simplicité qu'eux. »

(p. 196 : Des Grieux rêve au dépaysement !)

Manon immorale

« Je vous avoue, continua-t-elle, que j'ai été frappée de cette magnificence. J'ai fait réflexion que ce serait dommage de nous priver tout d'un coup de tant de biens, en me contentant d'emporter les dix mille francs et les bijoux ; que c'était une fortune toute faite pour vous et pour moi, et que nous pourrions vivre agréablement aux dépens de G.M. »

(p. 92 : Manon s'adresse à Des Grieux)

Manon et l'argent

« Manon était une créature d'un caractère extraordinaire. Jamais fille n'eut moins d'attachement qu'elle pour l'argent, et elle ne pouvait néanmoins être tranquille un moment avec la crainte d'en manquer. C'était du plaisir et des passe-temps qu'il lui fallait. Elle n'eût jamais voulu toucher un sou, si l'on pouvait se divertir sans qu'il en coûte. »

(p. 92 : Des Grieux pense à Manon)

Le remords de Des Grieux

« Ce fut dans ce moment que l'honneur et la vertu me firent sentir encore les pointes du remords, et je jetai les yeux en soupirant, vers Amiens, vers la maison de mon père, vers Saint-Sulpice, et vers tous les lieux où j'avais vécu dans l'innocence. Par quel espace immense n'étais-je pas séparé de cet heureux état ! je ne le voyais que de loin, comme une ombre qui s'attirait encore mes regrets et mes désirs, mais qui était trop faible pour exciter mes efforts. Par quelle fatalité, disais-je, suis-je devenu si criminel ? L'amour est une passion innocente ; comment s'est-il changé pour moi en une source de misères, et de désordres ? Qui m'empêchait de vivre tranquille, et vertueux avec Manon ? Pourquoi ne l'épousai-je point avant que d'obtenir rien de son amour ? »

(p. 101 : méditation de Des Grieux)

Jugements critiques

Aventure et poésie

« La poésie des aventures que raconte Prévost ne vient donc pas d'une imagination facile qui flatterait dans le lecteur un goût très superficiel de distraction et de dépaysement, elle vient de l'harmonie qu'il y a entre ces récits et l'inquiétude profonde de chaque homme, sa nostalgie d'émotions intenses. »

Henri Coulet, *Le Roman jusqu'à la Révolution*, T. I, A. Colin.

L'ambiguïté du drame

« L'*Histoire du chevalier Des Grieux* est un chef-d'œuvre d'ambiguïté. S'il est vrai que dans la plupart de ses romans, Prévost excelle à éclairer une anecdote sous toutes ses faces, et à montrer comment elle se transforme au gré des témoignages, jamais il n'a multiplié les éclairages de façon aussi subtile dans un seul et unique récit. Car l'histoire du chevalier en elle-même, ce n'est rien : l'histoire d'un escroc et d'une catin, a-t-on dit ; mais il n'est même pas sûr que Des Grieux soit un escroc, ni Manon une catin ; ce jugement est déjà une interprétation, celle-là même que Des Grieux s'efforce d'esquiver. Car pour les autres explications possibles : aventure picaresque, drame de la fatalité, ou de la grâce, il les donne toutes et tour à tour. Ses aventures lui paraissent tantôt comiques et négligeables, tantôt fatales, tantôt absurdes et métaphysiquement injustes ; à moins qu'il ne leur donne ces couleurs à des fins de justification. »

Jean Sgard, *Prévost romancier*, José Corti.

L'amour passion

« La passion n'est pas ici quelque chose de mystérieux, de magique, qui élève l'homme au-dessus de l'humanité, qui l'affranchisse des conditions communes de l'existence : la passion pure et souveraine est aux prises avec les petitesses des caractères et les misères de la vie. Les nécessités intérieures et extérieures font qu'elle dégrade et Manon et Des Grieux, précisément par son irrésistible puissance. Leur dignité, leur honneur leur commandent de se séparer : ils s'aiment tant qu'ils s'avilissent par la persistance de leur amour. Des Grieux consent à tout ce qu'un homme devrait refuser pour garder Manon. Manon est une petite fille sans instinct moral qui ne sait qu'aimer son chevalier. »

Gustave Lanson, *Histoire de la littérature française*, Hachette.

La femme

« Il est très inutile de confier le roman de l'abbé Prévost à ceux qui, devant un succès, ne peuvent s'empêcher de l'expliquer. L'affection que l'on éprouve pour la jeune Lescaut se prend comme un rhume, mieux comme une de ces maladies immortelles dont on ne guérit point. »

Pierre Mac Orlan, Préface de l'édition du Livre de poche.

« L'abbé Prévost a su fixer l'image éternelle et simple de la femme, à la fois inconstante et fidèle, sincère et pétrie de mensonges, ravissante, folle de ce qui brille et ce qui chatoie. »

Kléber Haedens, *Une histoire de la littérature française*, Gallimard.

L'émotion
La sensibilité

« Observateur superficiel des mœurs de son temps, écrivain abondant, facile, harmonieux, mais inégal et négligé, ce que Prévost a de plus original et de plus communicatif, c'est sa promptitude à s'émouvoir de ses propres imaginations...

Il pleure, il sait pleurer, si l'on peut dire, et tout son siècle avec lui se met à pleurer. »

Ferdinand Brunetière, *Histoire de la littérature française*, Delagrave.

« Mais, soit que la sensibilité de l'époque s'exhale trop violemment, soit qu'elle use d'une rhétorique vieillie, les romans sensibles ont perdu de leur charme à nos yeux, tandis que resplendissent toujours plus pures les pages où, selon la formule de Marmontel, tout ''se passe en légères atteintes à la pointe de l'esprit, où l'arme de la raillerie et de la médisance est comme les flèches des sauvages souvent trempée dans du poison, mais si subtilement aiguisée que la piqûre en est imperceptible''. »

Françoise Barguillet, *Le Roman au* XVIIIe *siècle*, PUF.

Le héros préromantique

« Avec *Manon Lescaut*, cependant, l'abbé Prévost apportait une idéologie nouvelle. Des Grieux fait hardiment de la passion l'excuse de toutes ses erreurs ; il la justifie et oppose à l'idéal lointain d'un paradis à mériter l'idéal prochain d'un bonheur terrestre à conquérir : ''L'amour, quoiqu'il trompe assez souvent, me promet du moins des satisfactions et des joies, au lieu que la religion veut qu'on s'attarde à une pratique triste et mortifiante''. Ainsi, de propos délibéré, il renverse les barrières de la religion, et aussi de la famille, de la morale, de la société ; il brave les malédictions et sera finalement vaincu, victime de sa révolte. Il fait songer à René, avec moins de vague à l'âme ; à Hernani, avec moins de panache ; et, avant eux, au Saint-Preux de la *Nouvelle Héloïse*. En avance sur son siècle, l'abbé Prévost annonce ainsi de loin l'inspiration préromantique et romantique. »

P.-G. Castex et P. Surer, *Manuel des études littéraires françaises*, Hachette.

Pérennité de l'œuvre

« Cette nouvelle immorale et vraie, si juste qu'elle nous indique à n'en point douter l'état de certaines âmes à ce moment précis de la vie française, si franche qu'on ne songe pas même à se fâcher de la duplicité des actes, reste comme une œuvre de maître, une de ces œuvres qui font partie de l'histoire d'un peuple. »

Maupassant, Préface de l'édition Taillandier.

« Roman nocturne, pourrait-on dire après Cocteau : pénombre des éclairages à la bougie, des bûches qui flambent, des tripots et des chambres où Manon et Des Grieux ont tant à faire, à l'abri des rideaux. Et pourtant roule d'un bout à l'autre de leur destin, d'Amiens à La Nouvelle-Orléans, l'éclatant soleil de l'amour, un soleil à la Van Gogh, tourbillonnant, fou, emporté, au bord de l'explosion. »

Jean-Louis Bory, Préface de l'édition Folio, Gallimard.

Index thématique

Les indications de pages font référence à l'édition Gallimard, coll. « Folio », de *Manon Lescaut*.

Sujets de travaux

EXPOSÉS ET QUESTIONS D'ENSEMBLE

1. Sensibilité et sensiblerie dans *Manon Lescaut.*

2. Les idées libertines dans *Manon Lescaut.*

3. Le jansénisme dans *Manon Lescaut.*

4. La femme fatale dans la littérature (Prévost, Musset, Balzac, Zola, Giraudoux par exemple).

5. Libertinage et religion (notamment, mais pas exclusivement, d'après le discours de Des Grieux à Tiberge à Saint-Lazare).

6. Le couple Des Grieux / Manon face à la société et à la fatalité (en utilisant, entre autres, la visite de Manon à Saint-Sulpice et les événements qui suivent).

COMMENTAIRE COMPOSÉ

Dans le passage (p. 160 à 163) qui relate la visite de Des Grieux à Manon chez le jeune G.M. en l'absence de celui-ci : « Je pénétrai sans obstacle jusqu'à l'appartement [...] si ma chère Manon ne m'ôte point la tendresse de son cœur », vous étudierez l'attitude et le discours des deux personnages tout au long du déroulement de la scène. Vous montrerez comment la détermination de Des Grieux finit par céder devant le calme et la passivité de Manon. Vous préciserez les qualités de l'expression (lyrisme et tragique).

DISSERTATIONS

1. Montrez que si *Manon Lescaut* peut être considéré comme l'un des chefs-d'œuvre du roman français, il le doit au témoignage qu'il nous donne sur son auteur et sur son époque, mais surtout à sa valeur humaine éternelle.

2. « Prévost réunit toutes les qualités qui font le très grand romancier : l'invention de personnages qui intéressent, de situations frappantes, la connaissance de l'âme humaine, même dans ses parties que l'on ose le moins explorer, un style souple, coulant, imagé, suggestif, la conception d'intrigues savantes dont la complexité est nécessaire, l'expérience de la réalité et le sens de ce qui est au-delà du réel... Il mérite d'être considéré comme l'égal de Balzac, de Proust ou de Dostoïevski. » (Henri Coulet, *Le Roman jusqu'à la Révolution*, T. I).

Vous chercherez, dans *Manon Lescaut*, des exemples précis pour illustrer cette appréciation et vous les commenterez.

3. Expliquez ce jugement de Lanson, à propos de *Manon Lescaut* :

« Tout le roman est dans les révoltes de l'honneur chez l'homme, dans l'effort de la femme pour accorder l'amour et la coquetterie. »

4. « "Je suis un mensonge qui dit toujours la vérité", écrivait Cocteau. Il en va de même de Prévost qui semble épuiser, dans l'*Histoire du chevalier Des Grieux*, toutes les possibilités du mensonge, et d'un mensonge d'autant plus trompeur qu'il imite le ton de la vérité. Dans sa vie, il est prisonnier de ses ruses médiocres, de sa facilité verbale, de tous les petits romans qu'il invente sans cesse pour se tirer d'affaire. Il ment avec naturel, comme Des Grieux. Mais derrière ces replis de la mauvaise foi paraît une poignante nostalgie de la simplicité ; et c'est d'elle que procède la beauté du style dans l'*Histoire du chevalier.* » (Jean Sgard, *Prévost romancier*).

Vous commenterez ce jugement en l'illustrant par des exemples empruntés au roman.

5. Vous commenterez ces lignes où Jean-Louis Bory, dans la Préface qu'il a écrite pour l'édition Folio, tenant compte des jugements sou-

vent contradictoires prononcés sur l'œuvre, s'applique à rassembler tout ce qu'elle peut évoquer en nous :

« Il en est de *Manon* comme du spectacle de la vie même : l'interprétation qu'on en donne dépend beaucoup moins de ce que l'œil regarde que de l'œil qui regarde. Or, *Manon* est à la fois limpide et trouble — disons : d'une limpidité trouble (en nous abritant derrière l'''obscure clarté des étoiles'' qu'a chantée Corneille). Impudique. Nu. Et chaste — de la chasteté du nu. Rien de moins grivois que ce récit, raconté, il est vrai, par l'intéressé qu'émeuvent les traces de ses anciens chagrins, et, par surcroît, tombé dans la vertu. Et la chaleur est là, pourtant, dont parlent Cocteau et Gide. Ou plutôt une tiédeur évoquant le lit défait, le linge tout juste abandonné, l'approche des haleines et des paumes, le rayonnement des corps, dont l'entêtement, avec lequel l'abbé traduit les mouvements intérieurs par des signes physiologiques tels que les larmes ou les caresses, rend l'oubli impossible. »

Bibliographie essentielle

Éditions contemporaines

1959 *Manon Lescaut,* présentation de P. Mac Orlan, éd. du Livre de poche.

1960 *Manon Lescaut,* préface de R. Etiemble, dans *Romanciers du* XVIIIe *siècle,* éd. Gallimard, Bibliothèque de la Pléiade.

1964 *Histoire du chevalier Des Grieux et de Manon Lescaut,* éd. Garnier.

1965 *Manon Lescaut,* notice d'Adolphe Bouvet, éd. Bordas.

1972 *Manon Lescaut,* préface de Jean-Louis Bory, notice de S. de Sacy, éd. Gallimard, coll. « Folio ».

1977 *Œuvres de l'abbé Prévost,* Jean Sgard, Grenoble.

1979 *Histoire du chevalier Des Grieux et de Manon Lescaut,* préface de Robert Mauzi, Imprimerie nationale.

Ouvrages critiques

Pierre Trahard, *Les Maîtres de la sensibilité au* XVIIIe *siècle,* éd. Boivin, 1931-33.

Jean Sgard, *Prévost romancier,* thèse, éd. José Corti, 1968.

Roger Mathé, *Manon Lescaut,* éd. Hatier, « Profil d'une œuvre », 1970.

Philip Stewart, *Le Masque et la parole,* éd. José Corti, 1973. (Le langage de l'amour au XVIIIe siècle.)

Jean Baudrillard, *De la séduction,* éd. Galilée, 1979.

Jean Rousset, *Leurs yeux se rencontrèrent,* éd. José Corti, 1981. (La scène du premier regard qui fait naître la passion.)

Pierre Saint-Amand, *Séduire ou la passion des Lumières,* éd. Méridiens-Klincksiek 1987.

Robert Mauzi, *L'Idée du bonheur au XVIIIe siècle*, éd. A. Colin.

Henri Coulet, *Le Roman jusqu'à la Révolution*, éd. A. Colin, coll. U (tome I).

Françoise Barguillet, *Le Roman au XVIIIe siècle*, éd. PUF.

Manon Lescaut en musique et à l'écran

1830 *Manon Lescaut*, ballet pantomime de Scribe et Halévy.

1856 *Manon Lescaut*, opéra-comique en 3 actes de Scribe et Auber.

1884 *Manon*, opéra-comique en 5 actes et 6 tableaux, en vers libres. Paroles de Meilhac et Gille, musique de Massenet.

1893 *Manon Lescaut*, drame lyrique en 4 actes de Olivia et Puccini.

1948 *Manon*, film de Henri-Georges Clouzot, 1948 (adaptation du roman dans le contexte de la fin de l'Occupation et des premiers mois de la Libération).

TABLE DES MATIÈRES

ÉDITION : Annie Chouard
MAQUETTE : Christine Chenot
COUVERTURE : Juliette Saladin
PHOTOS : Archives Nathan
COMPOSITION : Compo 2000

Aubin Imprimeur
LIGUGÉ, POITIERS

Achevé d'imprimer en février 1996
N° d'édition 10032345 V 18-OSBV 80° / N° d'impression L 50741
Dépôt légal février 1996
Imprimé en France